Mentale Stärke

Was wir von Spitzensportlern lernen können

Antje Heimsoeth

So nutzen Sie dieses Buch

Folgende Elemente erleichtern Ihnen die Orientierung im Buch:

Beispiele und Übungen

In diesem Buch finden Sie Praxisbeispiele sowie praktische Übungen für verschiedene Zwecke.

Definitionen

Hier werden relevante Begriffe kurz erläutert.

Die Merkekästen enthalten Empfehlungen und hilfreiche Tipps für den Alltag.

Auf den Punkt gebracht

Am Ende jedes Kapitels finden Sie eine kurze Zusammenfassung des Themenschwerpunkts.

Inhalt

Vorwort

Spitzensportler leben uns vieles vor, was sich auf andere Lebensbereiche übertragen lässt: Sie zeigen uns, dass sich mit vollem Einsatz, harter Arbeit, Motivation, Ausdauer und Disziplin Ziele erreichen lassen. Dass es jede Anstrengung wert ist, wenn man jubelnd die Früchte der Arbeit ernten darf. Dass es sich lohnt, Niederlagen schnell zu verarbeiten, wieder aufzustehen und wieder an den Start zu gehen. Es geht beim Spitzensport um Erfolg und Höchstleistung, aber auch um Freude und Spaß an dem, was man tut. Denn Glück und Zufriedenheit sind die Basis für Erfolg – und nicht umgekehrt.

Mentale Stärke entsteht durch den Einklang zwischen Sein und Handeln, zwischen Wunsch und Wirklichkeit, zwischen Wollen und Tun.

An diesem Bewusstsein arbeite ich auch mit meinen Klienten aus dem Sportbereich: Was macht mich glücklich, was macht mich wirklich zufrieden? Aus der Zufriedenheit erwächst der Erfolg. Ohne Spaß an dem, was wir tun, sind wir nicht zu Höchstleistungen fähig. Angesichts der täglichen Pflichten und Anforderungen, der Aufgaben und Funktionen, die es zu erfüllen gilt, ist das eine Gratwanderung. Wie lässt sich Freude schöpfen aus Tätigkeiten, die wir als lästige Pflicht empfinden? Identifiziere ich mich noch mit dem gesteckten Ziel? Selbstreflexion ist ein wichtiger Teil der Selbststeuerung, die uns hilft, Herausforderungen zu meistern.

Dieses Buch soll eine Brücke schlagen zwischen der Welt des Spitzensports und Ihrem Alltag. Es zeigt Ihnen auf, wie Sie sich Ihr Denken, Ihre Überzeugungen, Ihre Haltung, Ihren Glauben zunutze machen können, um Ihre Ziele zu erreichen. Mentale Stärke ist ein entscheidender Faktor beim Abrufen des eigenen Leistungspotenzials am Tag X. In den einzelnen Kapiteln zeige ich Ihnen, wie Sie von der Macht Ihrer Gedanken und inneren Bilder profitieren, wie Sie den Fokus auf Ihre Ziele aufrechterhalten, wie Sie Ihr Selbstvertrauen stärken, sich motivieren und souverän mit Rückschlägen umgehen. Außerdem gehe ich auf die Aspekte Entspannung und Regeneration ein. Diese Bereiche kennt jeder Spitzensportler, doch deren Effekte außerhalb des Sports werden noch immer sehr unterschätzt.

Ich habe viel Zeit in die Recherche zu diesem Buch investiert. Sie halten mein Praxiswissen und meine persönlichen Schlussfolgerungen in den Händen – ohne Anspruch auf Vollständigkeit. Ich freue mich, wenn Sie daraus Erkenntnisse, Impulse, Ideen, Orientierung sowie konkrete nützliche Übungen schöpfen können, die Ihnen helfen, mentale und emotionale Stärke auf- und auszubauen.

Es steht Ihnen selbstverständlich frei, meine Worte infrage zu stellen oder zu anderen Ergebnissen aufgrund eigener Erlebnisse zu gelangen. Weder weiß ich alles noch erwarte ich, dass Sie grundsätzlich einer Meinung mit mir sind. Betrachten Sie dieses Buch als Angebot und Inspirationsquelle – probieren Sie das eine oder andere aus den Kapiteln einfach aus. Nicht alles mag zu Ihnen passen, aber wenn Sie den einen oder anderen dauerhaften „Begleiter" aus der Lektüre mitnehmen, würde ich mich sehr freuen. Und geben Sie sich Zeit: Jede Veränderung braucht Zeit – im Sport wie im Leben.

Ihre Antje Heimsoeth

Die Kraft des Kopfes – warum mentale Stärke ein entscheidender Erfolgsfaktor ist

„Ich habe immer an mich geglaubt. Ich kämpfe bis zum Schluss, und ich weiß, dass ich auf meine Stärken vertrauen kann", sagt Tennisspielerin Angelique Kerber, die ihre Spitzenposition in der Weltrangliste vor allem ihrer mentalen Stärke zuschreibt. Selbstvertrauen und Willenskraft gehören zum Erfolg eines Spitzensportlers ebenso dazu wie Mut, Entschlossenheit, Disziplin oder Zielstrebigkeit. Die Quelle für ihre Höchstleistungen liegt bei Topathleten nicht nur in gut trainierten Armen oder Beinen, sondern vor allem „zwischen den Ohren". So fokussierte sich Fußballer Philipp Lahm während der WM 2014 immer wieder auf das erklärte Mannschaftsziel, indem er sich vorstellte, wie er den WM-Pokal in den Himmel von Rio reckt. Lahm nutzte seine geistige Vorstellungskraft, um das Feuer der Motivation immer wieder anzufachen und Kraftreserven zu mobilisieren.

Ob es darum geht, sich zu motivieren, Krisen und Niederlagen zu bewältigen, Teamgeist zu fördern oder mit den eigenen Kräften zu haushalten – viele Spitzensportler wissen um die Bedeutung mentaler Stärke und trainieren sie ebenso wie ihre Athletik und Kondition.

Höchstleistungen sind in unserer schnelllebigen, komplexen Welt auch jenseits der Sportarenen gefragt. Insbesondere unsere geistige Leistungsfähigkeit ist gefordert, um permanent Veränderungen zu verarbeiten – beruflich wie gesellschaftlich. Niemand will auf der Strecke bleiben, Erfolg ist die Währung gesellschaftlicher Anerkennung und Zugehörigkeit. Wo Höchstleistung gefragt ist, ist unser mentaler Zustand ein entscheidender Faktor bei Sieg oder Niederlage. Denn er ist die Quelle unseres Handelns und Verhaltens. Unsere innere Haltung gibt den Impuls, in welche Richtung das Pendel ausschlägt.

In etlichen Sportarten macht der mentale Zustand mehr als die Hälfte des Ergebnisses aus. Der erfolgreiche Fußballtrainer Pep Guardiola sagte einmal: „In der Schlussphase eines Spiels ist der Kopf oft wichtiger als die körperliche Fitness."

Der Tennisprofi Novak Djokovic stand sich früher gelegentlich selbst im Weg, wenn er an mangelnder Willensstärke und zu wenig Selbstbewusstsein scheiterte. Mit Ex-Tennisprofi Boris Becker als Trainer fand er zur mentalen Stärke. Djokovic: „Boris erinnert mich daran, wie stark ich mental sein kann." Das Finale der Australian Open 2015 gewann Djokovic vor allem, weil er der mental Stärkere war.

Golfprofi Martin Kaymer, der 2010 mit dem PGA Championship als zweiter Deutscher eines der wichtigsten Golfturniere gewann, weiß, dass es auch in seinem Sport auf die mentale Stärke ankommt: „Sieg und Niederlage entscheiden sich zwischen den Ohren." Für ihn spielt dabei nicht nur der Siegeswille eine große Rolle, sondern auch die Bereitschaft, Opfer zu bringen und sich immer wieder klarzumachen, wofür oder für wen man spielt.

Lernen Sie die Techniken der Spitzensportler kennen und wenden Sie sie an – damit Ihr Kopf Sie auf dem Weg an die Spitze beflügelt statt ausbremst. Der ehemalige österreichische Extrem-Radsportler Wolfgang Mader, der mithilfe von Mentaltraining regelmäßig Höchstleistungen erzielte, hat dafür einen anschaulichen Vergleich gefunden: So, wie man z. B. eine Präsentation bereits vor dem Moment des Vortragens vorbereitet hat, gelte es, vor Herausforderungen auch den Kopf entsprechend vorzubereiten. Wolfgang Mader: „Wenn dann die Stresssituation kommt und Sie vom Unterbewusstsein fast zu 100 Prozent geleitet werden, dann wird auf dieses Archiv, diese Speicherplatte des Unterbewusstseins gegriffen. Und da macht es einen Unterschied, ob ich da zwei Millionen negative Erlebnisse abgespeichert habe, weil ich ständig so denke, oder ob ich dort positive Erlebnisse habe."

> Energie folgt den Gedanken. Wer die Gedanken in die richtige Richtung lenkt, dem folgt auch die Energie dorthin. Unser Kopf funktioniert wie ein Bio-Computer, der weit mehr kann als herkömmliche Rechner. Wenn Sie ihn optimal programmieren und Ihre mentale Software regelmäßig aktualisieren, werden Sie in jeder Situation – auch bei besonderen Herausforderungen und in Stresssituationen – davon profitieren und ein Programm abrufen können, das Sie unterstützt.

Selbstzweifel, Hadern, Pessimismus und Ängste wirken wie Bremsklötze beim Handeln, sie führen zu einem Leben mit angezogener Handbremse. Wer nicht an sich glaubt, blockiert seinen Zugang zum eigenen Potenzial. Unsere Überzeugungen, inneren Glaubenssätze und Ansichten sind der Antrieb für unser Vorgehen. Je optimistischer der innere Zustand, desto positiver fallen auch die äußeren Resultate aus.

Gewonnen wird im Kopf! Nur wer im Kopf ein Gewinner ist, kann aufs Siegertreppchen steigen.
(Bildnachweis: Kerstin Diacont)

Spitzen- und Extremsportler haben längst erkannt, dass Faktoren wie Selbstvertrauen, Siegesmentalität, Fokussierung, Reflexion, Vorstellungskraft, Wille, Erholung und Regeneration, der Umgang mit Scheitern, Rituale und Routinen, Gedankenhygiene und Umfeldmanagement entscheidend zu ihrem Erfolg beitragen. Dazu zählen auch der Umgang mit Emotionen, mit Stress und Kritik oder Kränkungen, von denen keiner von uns verschont bleibt.

Die ständig wachsenden Anforderungen und Veränderungen der Gesellschaft verlangen uns vor allem geistig und psychisch vieles ab. Mentale Stärke wird immer wichtiger, um mit den täglichen Herausforderungen zurecht zu kommen. Die Kraftquelle dafür sitzt in jedem von uns. Sie zu wecken und sprudeln zu lassen, ist Teil einer gesunden Selbstführung. Wer einen bewussten Umgang mit sich selbst führt, verfügt über ein inneres Gespür für seine Ressourcen und aktuellen Bedürfnisse. Die daraus resultierende Selbststeuerung ist Ausdruck mentaler Stärke.

Selbstführung (nach Prof. Dr. Burkhard Bensmann)

Selbstführung umfasst Einstellungen und Methoden zur zielgerichteten Führung der eigenen Person. Selbstführung basiert wesentlich auf Selbsterkenntnis, Selbstverantwortung und Selbststeuerung.

© Coloures-pic/Fotolia.com

Erfolgreiche Selbstführung basiert auf mentaler und emotionaler Stärke:

- Woran und wie erkenne ich typische Stolpersteine und Hindernisse?
- Wie kann ich vorausschauend mit Problemen und Veränderungen umgehen?
- Wie lerne ich, mich selbst wirksam zu steuern? Wie kann ich meine Selbstführung und mentale Stärke verbessern?
- Wie gelingt es mir, Zielvorstellungen zu entwickeln und fest im Blick zu behalten?
- Kenne ich meine Talente?
- Gibt es Vorbilder zur Selbstführung? Was kann ich von diesen lernen?

Eine persönliche Vision zu verfolgen, klare Perspektiven zu haben und sich der eigenen Stärken und Werte bewusst zu sein – all das bildet den Nährboden, auf dem Erfolge wachsen. Dieses Buch gibt Einblicke und konkrete Anregungen, wie Sie Ihre Selbstführung reflektieren, mentale Techniken nutzen und so Ihr Leistungsspektrum voll ausschöpfen können. Dabei muss jeder für sich selbst definieren, was er unter „Erfolg" versteht.

Mentale Stärke aufbauen und leben

Mit Mentaltraining können Sie ganzheitlich Ihr Denken, Fühlen, Tun und Ihren Körper beeinflussen. Es richtet den Fokus auf individuelle Stärken, Talente und Ressourcen. Damit sorgen Sie für Ihre physische und psychische Stabilität. Das hilft Ihnen, Aufgaben selbstbestimmt zu bewältigen und Vorhaben erfolgreich zu verwirklichen.

Wenn Sie Ihre Selbstführung mental trainieren, können Sie Herausforderungen positiv, zielorientiert, motiviert, konzentriert und gelassen begegnen. Die Olympiasiegerin im Fechten, Britta Heidemann, bringt die Aufgaben der Selbstführung auf den Punkt: „Sich mental mit dem inneren Selbst auseinanderzusetzen, gegen die eigenen Gedanken zu kämpfen, sich im inneren Dialog zu überwinden, sich selbst einzugestehen, dass man noch mehr geben kann, dass man sich nicht ablenken lassen darf. Denn all das muss man zu steuern und zu kontrollieren versuchen." Das mag recht kämpferisch klingen, aber im Kern geht es vor allem um eines: Eigenverantwortung für sich und das eigene Tun übernehmen.

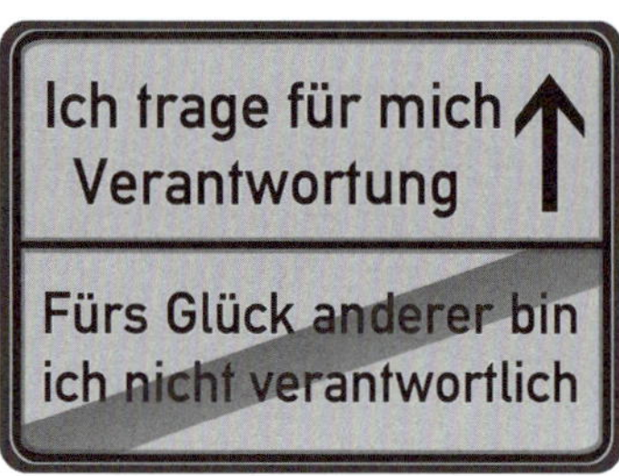

© *Marem/Fotolia.com*

Ziele des mentalen Trainings, so formulierte es schon der verstorbene Sportpsychologe Hans Eberspächer, sind

- ein optimaler Eigenzustand,
- effektives Handeln und
- ein klarer Weg im Umgang mit Anforderungen jenseits der Routine.

Mentale Prozesse werden gleichermaßen von unseren Gedanken, Gefühlen und unserer Körperhaltung beeinflusst. Diese Prozesse haben immer eine logisch-rationale und eine affektiv-emotionale Komponente. Sie durch Mentaltraining zu beeinflussen, kann helfen, die eigenen Stärken auszubauen und uns ebenso bei der Entwicklung unserer Potenziale wie beim Meistern von Herausforderungen zu unterstützen.

mental

lat. für: die psychischen Vorgänge (Denken und Vorstellen) betreffend, zum Geist gehörend, den Geist betreffend, geistig, (nur) in Gedanken.
(vgl. wissen.de)

Mentales Training

Unter „mentalem Training (kurz: MT)" ist die planmäßig wiederholte und bewusst durchgeführte Vorstellung einer Bewegung oder Handlung ohne deren gleichzeitiger Ausführung zu verstehen (Eberspächer, 2001).

Das sagen zwei Spitzensportler über mentale Stärke:

„Mentale Stärke ist für mich die höchstmögliche Nutzung und Fokussierung aller geistigen und psychischen Fähigkeiten und Stärken auf ein gesetztes Ziel sowie die gleichzeitige Ausblendung oder Beherrschung (durch Kenntnis) der Schwächen auf dem Weg zum Ziel."

Wolfgang Mader, Extremsportler

„Mental stark sein ist entscheidend. In einem olympischen Finale weißt du, dass alle physisches Talent haben. Wer wird also gewinnen? Derjenige, der mental am stärksten ist."

Michael Phelps, Schwimmer, 26 Olympiamedaillen, davon 22-mal Gold, erfolgreichster Olympionike der Geschichte

Bestandsaufnahme und Selbstanalyse

Um an der eigenen Selbstführung zu arbeiten, gilt es, sich den eigenen Istzustand bewusst zu machen:

- Wo stehe ich jetzt?
- Wohin will ich? Was ist meine Vision?
- Was ist mir wichtig? Warum lohnt es sich, täglich aufzustehen?

- Wofür lohnt es sich, sich einzusetzen? Warum ist mir das so wichtig? Was bringt mir das? Was soll dadurch in meinem Leben entstehen?
- Was ist mir an meiner Arbeit wichtig? Auf welche Werte kommt es mir an? Wozu arbeite ich? Was fehlt mir manchmal?
- Was schätze ich besonders?
- Wie motiviere ich mich, wenn es richtig schwer wird? Was muss erfüllt sein, damit ich rundum zufrieden bin?
- Was ist mir in einer Beziehung wichtig (Partnerschaft, Freundschaft, Verwandtschaft)? Was fehlt mir da manchmal? Was schätze ich besonders?
- Meine Freizeitaktivitäten: Was stelle ich damit sicher? Zum Beispiel: Wozu ist es wichtig, dass ich viele Fachbücher lese? Was gewährleistet das?
- Welches Selbstbild habe ich von mir? Was mag ich an mir?
- Habe ich alle Fähigkeiten, die ich brauche, um meine Ziele zu erreichen?
- Welche Gedanken habe ich, wenn ich merke, dass mein Ziel schwer erreichbar ist? Wie gehe ich in dieser Situation mit mir selbst um? Bleibe ich mein Freund oder beschimpfe ich mich wegen meiner Unfähigkeit?
- Wie dringend ist mein Wunsch nach Veränderung und mehr mentaler Stärke?
- Wie gehe ich bisher mit Niederlagen und Fehlern um?
- Wo liegen meine Stressquellen?

Mit den aus den Antworten gewonnenen Erkenntnissen schaffen Sie eine Basis für die Formulierung Ihrer Ziele und geeigneter Strategien, um sie zu erreichen.

„Ich glaube, dass eine Erkenntnis der eigenen Stärken und Schwächen essenziell ist, das ist für mich eigentlich die Basis. Wenn man sich der eigenen Stärken und Schwächen nicht bewusst ist, wird es sehr schwerfallen, in der eigenen Selbstführung voranzukommen", sagt Harald Seidler, Führungskraft bei Alcon Pharma.

Beim Mentaltraining arbeitet man auf vier Ebenen: Denken, Emotionen, Verhalten und Körper. Das sollen die Themen der folgenden Kapitel sein.

Auf den Punkt gebracht

Mentales Training hilft bei einem souveränen Umgang mit

- Emotionen, Ängsten, Versagensängsten, Lampenfieber, Redeangst, Prüfungsangst,
- Ärger, Wut, Zorn,
- Stress, Druck, Scheitern,
- Negativität,
- schwierigen Situationen sowie
- Kritik.

Mentaltraining führt zum Abrufen des vollen Leistungspotenzials am Tag X. Trainiert werden:

- Gedanken- und Psychohygiene,
- Zielsetzung und -erreichung,
- Motivation,
- Vorstellungskraft und Imagination,
- Konzentration und Fokussierung,
- Entspannung und Regeneration.
- Rituale und Routinen,
- Selbstwert und Stärken stärken sowie
- Stressbewältigung.

Die Macht der Gedanken – warum Gedankenhygiene so wichtig ist

Gedanken bewirken Reaktionen im Körper, direkt spürbar bei der Atmung und beim Muskeltonus. Gedanken können Sie verkrampfen oder entspannen lassen, sie können Sie zuversichtlich stimmen oder ängstlich werden lassen. Sie sind die Initialzündung für Ihr Befinden wie für Ihre Handlungen. Kurz: Sie sind der verborgene Motor Ihres Erfolgs oder Misserfolgs.

Wäre Angelique Kerber so erfolgreich, wenn sie auf dem Centre Court wie eine Verliererin denken würde? Voller Selbstzweifel, Einschränkungen im Kopf und negativer Glaubenssätze? Wohl kaum. Athleten wissen, dass negative Gedanken unter anderem den Bewegungs- und Atemfluss hemmen und sogar in leichten Schmerzen münden können. Lachen, positive Gedanken und Wörter lockern hingegen die Muskulatur und führen zu einer veränderten Sicht der Dinge.

Wenn wir eins sind mit unserem Handeln, treten unsere Gedanken in den Hintergrund, wir nehmen sie dann gar nicht mehr richtig wahr. Deutschlands Spitzengolfer Martin Kaymer hat einmal nach einem Misserfolg gesagt: „Nach jedem Schlag habe ich versucht, herauszufinden, was ich falsch und was ich richtig gemacht habe. Es behindert einen einfach, wenn man zu viel nachdenkt und versucht, perfektes Golf zu spielen. Ich habe aufgehört, groß nachzudenken."

Negative Gedanken, geprägt von Ängsten, Zweifeln und Sorgen, können uns im Weg stehen oder auf Abwege führen, sie können uns schwächen, unsere Konzentration stören und unser Potenzial blockieren. Niemand ist frei von negativen Gedanken. Es geht weder darum, alles nur noch durch die rosarote Brille zu betrachten, noch sollen Sie künftig jeden negativen Gedanken einfach verdrängen. Es geht vielmehr darum, sich der Wirkung solcher Gedanken bewusst zu werden und Strategien zu entwickeln, die Ihnen helfen, damit umzugehen.

Negative Gedanken sind bei vielen von uns allgegenwärtig, häufig auch unbewusst. Gehören Sie zu den Menschen, die schon morgens via Radio von schlechten Nachrichten geweckt werden? Beim Frühstück und im Auto auf dem Weg zur Arbeit geht es weiter mit der Beschallung mit überwiegend schlechten Nachrichten. Tagsüber bestimmen diese Negativthemen meist die Gespräche mit Kollegen auf dem Gang und abends vor dem Fernseher konsumieren viele von uns eine erneute Dosis von Katastrophen aus aller Welt.

Wie lesen Sie Zeitung? Lesen Sie punktuell, lesen Sie alles oder widmen Sie sich vor allem den Dramen der Welt – Verschwörungstheorien, Doping, Unfälle, Drogen, Wirtschafts- und Flüchtlingskrisen, Vogelgrippe, Steuerhinterziehung, Mord und Totschlag?

Sind Sie jemand, der sich überwiegend über Fehler und Defizite unterhält? Fehler, die Sie gemacht haben? Fehler, die andere gemacht haben? Oft beschäftigen wir uns zu intensiv mit diesen Fehlern, statt über Erfolge zu sprechen.

Der US-amerikanische Schriftsteller Mark Twain sagte auf dem Sterbebett: „Ich hatte mein ganzes Leben viele Probleme und Sorgen. Doch die meisten von ihnen sind niemals eingetreten."

Die Neuroplastizität des Gehirns

Ein entscheidender Einschnitt in der Hirnforschung war die Entdeckung, dass Gedanken die Struktur unseres Gehirns verändern – und das bis ins hohe Alter. Als elektrische Impulse leiten Gedanken ihren Inhalt in den Nervenbahnen des Gehirns weiter. Die neuronalen Verbindungen können sich ständig verändern, ein Leben lang. Sie gehorchen dem Prinzip des lebenslangen Lernens. Ihre Erfahrungen, Eindrücke und Erkenntnisse, Ihre Überzeugungen und Glaubenssätze, Ihre Befürchtungen und Ängste wirken an der Architektur Ihrer Gehirnstruktur mit.

- Für die Art und Weise, wie das Gehirn sich verändert, gilt der Satz: Häufige Benutzung von Nervenverbindungen stärkt ihre Effektivität.
- Lernen entsteht auf der Ebene des Gehirns durch häufige Benutzung von Nervenverbindungen.

Quelle: ZRM®

Sie können sich die Verstärkung von Nervenverbindungen wie das Trainieren eines Muskels im Fitnessstudio vorstellen. Wenn Sie regelmäßig bestimmte Muskelgruppen trainieren, werden diese kräftiger und ausgeprägter. Das Gleiche geschieht mit häufig genutzten Nervenbahnen, sie verstärken sich. Auf diese Weise wird aus einem neuronalen Trampelpfad eine neuronale Autobahn (nach Franz Hütter).

Ein Gedanke, eine Überzeugung oder eine Zielformulierung werden also umso effektiver, je häufiger Sie deren mentale Pfade im Gehirn beschreiten. Das bedeutet für neue Ver-

knüpfungen, sie häufig abzurufen, um sie zu stärken. Gleichzeitig gilt für alte problematische Muster, die anfangs noch einer neuronalen Autobahn gleichen, sie zu Trampelpfaden verkümmern zu lassen, indem Sie sie nicht mehr abrufen.

So ändert sich der neuronale Straßenatlas in unserem Kopf. Lösungs- und Ressourcenorientierung ergeben sich aus den Gesetzen der Neuroplastizität. Informationen sind im Gehirn in Form von neuronalen Netzen abgelegt. Der Entdecker der synaptischen Plastizität, der kanadische Psychologe Donald Olding Hebb, stellte eine Regel zum Zustandekommen des Lernens in neuronalen Netzwerken auf, bekannt als die Hebb'schen Gesetze (Hebb, 1949):

1. Häufig genutzte Verknüpfungen werden verstärkt.
2. Selten genutzte Verknüpfungen werden geschwächt oder abgebaut.

Erinnern Sie sich? Ihr Kopf funktioniert wie ein Bio-Computer. Ihr Unterbewusstsein ist seine Festplatte. Hier werden sämtliche Gedanken, Worte und Bilder wie ein Programm hinterlegt. Das Unterbewusstsein ist dabei völlig neutral: Es akzeptiert jede Information, die es erhält. Ihr Verstand hingegen filtert. Er entscheidet, was er glaubt und was er nicht glaubt, indem er neue Informationen mit vorhandenem Wissen abgleicht. Wenn Ihr Verstand etwas für wahr hält, wird Ihr Unterbewusstsein es als wahr akzeptieren und entsprechende Reaktionen in Gang setzen. Das gilt leider auch für negative Überzeugungen und Glaubenssätze.

Richard Bandler, US-amerikanischer Mathematiker und Psychologe, hat dafür ein passendes Bild gefunden: „Die meisten Menschen sind Gefangene ihres eigenen Gehirns. Sie verhalten sich, als ob sie am Hintersitz eines Busses festgekettet wären, während jemand anderes lenkt. Ich möchte, dass Sie lernen, Ihren eigenen Bus zu fahren." (Bandler, 1987). Daher: Werden Sie Busfahrer! Übernehmen Sie in Ihrem Kopf die Führungsrolle. Jeder ist Konstrukteur seiner eigenen Realität.

Gewinnen Sie Kontrolle über Ihr Selbst und Ihr Gehirn, steuern Sie Ihre Gedanken bewusst. Ob ein Glas halb voll oder halb leer ist, hängt ausschließlich vom Betrachter ab.

Ersetzen Sie negative Einstellungen und Glaubenssätze durch positive Gedanken und positive innere Bilder. So schaffen Sie neue, förderliche Einstellungen. Erinnern Sie sich an Ihre Erfolge und das positive Gefühl dabei.

!

So kann die Selbstführung im Kopf funktionieren. Glauben Sie an sich selbst und Ihre Stärken.

Die Boxlegende Muhammad Ali brachte es einst auf den Punkt: „Um ein großer Champion zu werden, musst du auch daran glauben, der Beste zu sein. Wenn du nicht das Gefühl hast, der Beste zu sein, dann überzeuge trotzdem die anderen davon."

Das Erfolgsrezept von Arnold Schwarzenegger lautete: „Du musst positiv denken und dich selbst programmieren, ein Gewinner zu sein. Ich bin einfach nicht darauf programmiert, negative Gedanken zu haben."

Ihr innerer Dialog

Mit wem sprechen wir am häufigsten? – Genau, mit uns selbst. Wir sprechen innerlich ständig mit uns. Haben Sie schon einmal bewusst auf Ihre inneren Dialoge gehört?

Die Qualität Ihres inneren Dialogs, die Art und Weise also, wie Sie mit sich Selbstgespräche führen, spielt eine entscheidende Rolle in Ihrem Leben. Wir denken am Tag etwa 60.000 einzelne Gedanken. 85 Prozent davon sind negativ, haben eine destruktive Wirkung, zermürben und wirken kontraproduktiv. Lediglich 15 Prozent aller Gedanken sind positiver Natur und wirken konstruktiv. Bejahende Gedanken sind nach wissenschaftlichen Erkenntnissen sehr viel wirkungsvoller als negative Gedanken. Es ließe sich so viel mehr erreichen, wenn wir bewusst positive Gedanken für unser Fortkommen einsetzen würden.

Die Kontrolle über Ihre Gedanken entscheidet, ob Sie bei sich negative oder positive Gefühle in Gang setzen, die Ihre Gedanken, Ihren Aufmerksamkeitsfokus, Ihre Körperhaltung und Leistung beeinflussen. Jeder von uns führt innere Selbstgespräche, in denen wir uns bewerten, Anweisungen geben, abwägen und vieles mehr. Dieser innere Dialog hat großen Einfluss darauf, ob sich Ihre Wünsche und Träume erfüllen. Deshalb ist es wichtig, sich des inneren Dialogs bewusst zu werden und auf ihn zu achten.

Angelique Kerbers Tenniskollegin Andrea Petkovic schreibt ihre sportlichen Erfolge dieser Kontrolle zu. Sie mache sich nach eigenem Bekunden oft zu viel Druck und erwarte zu viel von sich. Sobald sie locker sei, schaffe sie alles, was sie sich vornehme. Andrea Petkovic sagt dazu: „Ich musste lernen, meine Gedanken und meine Emotionen zu kontrollieren, zu kanalisieren und zu meinen Gunsten zu nutzen." Ihre Kollegin Serena Williams beginnt damit schon Wochen vor einer Herausforderung: „Ich habe daran gearbeitet, mental stark zu sein ... schon Wochen vor dem Turnier sagte ich mir immer und immer wieder: Ich werde gewinnen. Ich werde gewinnen."

Erfolgreiche Spitzensportler führen konstruktive, anspornende und handlungsorientierte Selbstgespräche. Statt zu denken: „Ich schaffe das nie" oder „Ich bin es nicht wert ..." hilft es viel mehr, sich zum Beispiel zu sagen: „Ich vertraue voll und ganz auf meine Ressourcen und Fähigkeiten!" Die Fechterin Britta Heidemann sagt sich stets: „Ich kann, ich will, ich schaffe es."

Als die Biathlon-Weltmeisterin Laura Dahlmeier 2016 in Norwegen Gold gewann, hatte sie sich zuvor beim alles entscheidenden Schießen durch Selbstinstruktionen beruhigt und so das Schießen mit Bravour gemeistert: „Ich war nicht aufgeregt oder nervös. Beim letzten Schießen habe ich einfach versucht, mir einzureden: ‚Du stehst da jetzt allein am Schießstand, wie im Sommer beim normalen Training. Es interessiert gar keinen.' Als die erste Scheibe fiel, hab ich gedacht: ‚Ja, ich kann das.' Die zweite Scheibe fiel, die dritte auch, und dann habe ich gewusst, es kann gar nichts mehr schiefgehen."

Mit welchen Selbstinstruktionen Sie Herausforderungen begegnen, hat großen Einfluss darauf, ob Sie sie meistern oder nicht. Ihre Einschätzungen und Erwartungen können sich zu einem Hindernis auftürmen, Sie bremsen und hemmen oder aber Sie in einen Zustand versetzen, der der Ihnen hilft, Ihr Ziel zu erreichen.

Der Turn-Olympiasieger Fabian Hambüchen sagt zu seiner mentalen Vorbereitung auf die Olympischen Spiele 2016 in Rio de Janeiro: „Es geht nicht um Gold, es geht darum, noch einmal dabei zu sein, bei meinen vierten Olympischen Spielen – das war der mentale Ansatz, damit ich mich nicht wieder, wie 2008 in Peking, in diesen Medaillendruck bringe." In Peking, so Hambüchen weiter, habe er sich gesagt: „Ich bin Weltmeister, ich bin Favorit, jetzt will ich Gold. Das stand mir so was von im Weg." Für Rio 2016 sei er anders verfahren: „Wir haben das nach außen hin entspannt kommuniziert, alles auf die Schulter bezogen, haben gesagt, dass ich froh sein kann, überhaupt dabei zu sein." Der entspannte Ansatz bescherte Hambüchen Gold am Reck.

Im Mentaltraining gibt es verschiedene Techniken, um sich selbst positiv zu beeinflussen. Mit ihrer Hilfe können Sie negativen Gedanken Einhalt gebieten und sie zu positiven, unterstützenden Gedanken umformulieren. So kann aus einer sich selbst erfüllenden Überzeugung wie „Ich bin (noch) nicht gut genug" – ein Satz, der wie ein Bremsklotz wirkt – der bestärkende Satz „Ich vertraue mir voll und ganz!" oder „Ich glaube an mich und meine Möglichkeiten" werden.

Affirmationen – positive Selbstgespräche

Sogenannte Affirmationen sind eine sehr wirksame Technik, um Gedanken und Überzeugungen nachhaltig zu verändern. Sie unterstützen Sie dabei, Ihre Bestleistung abrufen zu können.

Das Wort „Affirmation“ beinhaltet das lateinische Wort „firmare“, was so viel bedeutet wie „festigen, verankern“. Eine Affirmation ist ein bejahender, leistungsfördernder, bekräftigender Satz, der – wenn Sie ihn oft genug laut oder innerlich wiederholen – Gedanken, Überzeugungen, Fühlen und Handeln lenkt.

Eine schriftliche Analyse Ihrer Selbstgespräche vor, während und nach leichten, schwierigen, aussichtslosen sowie erfolgreichen Anforderungs- und Stresssituationen hilft Ihnen zu erkennen, welche Selbstgespräche unterstützend und welche hinderlich für Ihr Handeln und Ihre Leistung sind und waren (vgl. Eberspächer, 2004).

Suchen Sie jene Selbstgespräche heraus, die am besten geeignet waren, erfolgreich zu handeln, und die positive Konsequenzen für Ihre Leistung hatten. Sie können Ihnen als Inspiration für Ihre Affirmationen dienen.

Wichtig für das Formulieren von Affirmationen ist, dass Sie an sie glauben können. Aber: Vergleiche und Verneinungen haben in einer Affirmation nichts verloren! Die Kernaussage sollte uneingeschränkt positiv sein.

So formulieren Sie Affirmationen

Für die Formulierung von Affirmationen gilt es, ein paar Grundsätze zu beachten:

- keine Verneinung, sondern positive, bejahende, je nach Situation motivierende, handlungsunterstützende Formulierungen, z. B.

- „Ich setze um, was schon in den letzten Verhandlungen so gut geklappt hat."
- „Ich tu mein Bestes ..." (Katarina Witt, Eiskunstläuferin)
- „Ich vergebe mir selbst."
- „Ich weiß, ich kann das!"

- kurze, knappe, einfache Sätze, die leicht auszusprechen und zu wiederholen sind.
- Formulierung, die rhythmisch oder auch lustig und originell ist
- Formulierung in der Gegenwartsform
- Satzbeginn mit „Ich"
- keine Affirmation, von der Sie selbst nicht glauben, dass sie auf Sie zutrifft
- eigene Sätze kreieren – Affirmationen sind von Mensch zu Mensch unterschiedlich
- gut geeignet: Metaphern wie „Ich bin ein Fels in der Brandung" oder „Ich bin stark und selbstbewusst wie ein Löwe"

> *Benjamin Mazatis, Formel-4-Fahrer:*
>
> *„Vor dem Wettkampf führe ich so gut wie keine Selbstgespräche. Ich bin jemand, der viel Ruhe braucht und diese auch liebt. Das Einzige, was ich vor dem Wettkampf zu mir sage, ist zweimal ‚¡Vamos! ¡Vamos!'. Das ist spanisch und bedeutet so viel wie ‚Auf geht's'. Das verbinde ich immer mit zwei Sprüngen, die mich dann von der normalen relaxten Stimmung in die Wettkampfstimmung bringen. Danach bin ich ein völlig anderer Mensch.*

Bevor ich ins Auto einsteige, bin ich 100 % davon überzeugt, dass ich gewinnen werde und sich die harte Arbeit aus den letzten Wochen und Monaten auszahlen wird. Wenn ich im Auto sitze, verdränge ich diese Gedanken, denn dann muss ich mich voll und ganz auf das Fahren und den Wettkampf konzentrieren."

Lassen Sie die Affirmation durch ständiges Wiederholen zum Ohrwurm werden

Wenn Sie Ihre Affirmation formuliert haben, notieren Sie diese auf einem Haftzettel, den Sie an Ihrem Arbeitsplatz oder am Badezimmerspiegel platzieren. Sie können den Satz auch als Hintergrundbild auf Ihrem Smartphone oder Computer abspeichern. Je öfter Sie darauf schauen, umso besser speichert Ihr Unterbewusstsein den Satz ab.

Negative, destruktiv formulierte, einschränkende oder unerwünschte Gedanken lassen sich nicht vermeiden. Aber Sie können ihnen Einhalt gebieten. „Du musst sie aus deinem Kopf verjagen und sie mit positiven Gedanken ersetzen", sagt Serena Williams dazu, erfolgreichste Tennisspielerin der sogenannten Open Era seit 1968.

Um der Selbstsabotage vorzubeugen, unnötige Grübeleien zu unterbrechen und negative Gedanken unter Kontrolle zu bringen, hilft folgende Übung:

Übung: Gedanken-STOPP-Technik

Sobald verneinende oder negative Gedanken oder Gefühle, z. B. Unlust oder Misserfolg, Katastrophenideen oder sich selbst erfüllende Prophezeiungen, aufkommen, holen Sie ein auf Pappe geklebtes Stoppschild oder ein ähnliches Symbol aus Ihrer Hosentasche, schauen es an und sagen mit Nachdruck „Stopp" (leise, wenn möglich laut).

Eventuell wiederholen Sie das Wort „Stopp" auch mehrmals – so lange, bis Sie Ihre Gedanken unter Kontrolle haben. Zusätzlich können Sie noch mit einer Hand auf Ihren Oberschenkel klopfen.

Atmen Sie dabei bewusst ruhig und tief in den Bauch. Nehmen Sie eine aufrechte Körperhaltung ein. Unterstützend können Sie sich beim Ein- und Ausatmen vorstellen, wie sich dieser Gedanke in Luft auflöst.

Nach dem Stopp-Signal richten Sie Ihren Blick wieder auf die Aufgabe, das gute Gelingen, die eigenen Stärken oder suchen nach einer Lösung für die Aufgabe bzw. konzentrieren sich auf die Aufgabe. Dies unterstützen Sie mit positiven, hilfreichen Gedanken oder mit der Erinnerung an Erfolge, Siege oder etwas Angenehmes – es muss nichts mit der aktuellen Situation zu tun haben , damit Sie nicht wieder in das alte, belastende Gedanken-Set zurückfallen.

Lassen Sie diese Stopp-Technik durch Training zur Gewohnheit werden. Das dauert erfahrungsgemäß einige Wochen. Nutzen Sie Affirmationen und die Gedanken-Stopp-Technik zunächst in stressfreien Situationen, damit Sie diese dann auch an Tagen mit hoher Belastung oder in schwierigen Situationen wirkungsvoll einsetzen können.

Wenn Sie unter Stress stehen, neigen Sie dazu, gewohnte Verhaltensweisen oder Stereotypen anzuwenden, ob diese nun der Situation angemessen sind oder nicht. Das heißt: Verhaltensweisen, die kaum trainiert sind, sind in kritischen Momenten nicht abrufbar.

Angenommen, Sie müssen gleich eine Rede halten oder ein wichtiges Telefonat führen – in diesen Momenten eignet sich folgende Übung:

Übung: Problembox für störende Gedanken

Nehmen Sie Ihre Gedanken wahr. Wenn Sie sich gerade um etwas Sorgen machen, an etwas denken, das Sie belastet oder frustriert, oder Zweifel hegen, schreiben Sie diese Gedanken, Zweifel und Sorgen auf ein Stück Papier und stecken Sie es in eine leere Keksdose, Schuhschachtel, Sorgendose, -truhe oder Ähnliches. Durch die Wahrnehmung der Gedanken verhindern Sie, dass negative oder störende Gedanken während des Vortrags oder Gesprächs plötzlich wie ein Blitz bei Ihnen einschlagen.

Nach Beendigung des Telefonats oder der Rede widmen Sie sich wieder Ihren Sorgen. Wenn die Sorgen unbegründet sind, z. B. weil die befürchtete Situation nicht eingetreten ist, dann knüllen Sie das Papier mit den Sorgen genüsslich zusammen und werfen Sie es in einen Mülleimer, während Sie dankbar sind, für diese Sorge keine Energie verschwendet zu haben.

Für die verbliebenen Sorgen suchen Sie nach Lösungen.

Alternative: Sie legen Ihre störenden Gedanken bis zum Ende des Gesprächs in eine imaginäre Box oder Tresor.

Sie wollen zufriedener sein? Sie streben nach mehr Erfolg? Dann sorgen Sie mit dieser Übung täglich für eine ausgeglichene „L-Bilanz“:

Übung: 4 Ls – lachen, lieben, lernen, leisten

Prüfen Sie sich jeden Tag, ob Sie jedes „L“ berücksichtigt haben:

L wie Lachen: Haben Sie heute schon gelacht? Wenn nicht, suchen Sie sich einen Witz im Internet und bringen Sie sich damit zum Lachen. Lachen ist gesund, setzt positive Gefühle frei, stärkt unsere Abwehrkräfte und steigert unser Wohlbefinden.

L wie Liebe: Haben Sie heute schon geliebt? Wenn nicht, dann nehmen Sie sich selbst in den Arm oder Ihren Partner, Ihr Kind, eine Freundin … Liebe ist für viele Menschen etwas Selbstverständliches, doch mit der Selbstliebe hapert es bei den meisten.

L wie Lernen: Haben Sie heute etwas gelernt? Wenn nicht, greifen Sie am Abend zu einem guten Fachbuch, hören Sie sich einen Podcast oder sehen Sie sich einen Youtube-Film an. Die Bereitschaft zum Lernen ist das Tor zur persönlichen Weiterentwicklung.

L wie Leistung: Haben Sie heute etwas geleistet? Wenn nicht, dann setzen Sie sich noch einmal hin und erledigen Sie

E-Mails oder noch eine Aufgabe. Über die Dosis entscheiden Sie. Das Gefühl, etwas geleistet zu haben, trägt zu Ihrer allgemeinen Zufriedenheit bei.

Sich selbst zu akzeptieren, sich zu vertrauen, an sich zu glauben und gleichzeitig dankbar zu sein für das, was Ihnen an Gutem widerfährt, ist die Basis für Zufriedenheit. Sagen Sie sich täglich selbst diese Sätze:

Übung: Ich liebe, glaube, vertraue, bin dankbar und mutig

- ***Ich liebe** … mich selbst, meinen Partner, meine Eltern, die Menschen um mich herum, meinen Sport, meinen Beruf, die Aufgabe, die mir gestellt werden … Wenn ich mich nicht liebe, wer dann? Wir wollen geliebt werden, aber viele lieben sich selbst nicht und wundern sich dann, wenn sie nicht geliebt werden.*
- ***Ich glaube** … an mich, an den Vorstand, an meinen Partner, an die Fähigkeiten, Stärken und Talente, die ich habe, an mein Produkt, das ich verkaufe … Wenn ich nicht an mich glaube, wie sollen meine Mitarbeiter und Kunden an mich glauben? Nur dann, wenn Sie an die Produkte und Dienstleistungen des Unternehmens, das Sie vertreten, glauben, dann und nur dann werden Sie Erfolg haben.*
- ***Ich vertraue** … mir, meinem Trainer, meinem Partner, auf Ethik und Werte … Wenn ich mir nicht vertraue, wie sollen andere mir vertrauen?*
- ***Ich bin dankbar** … für das Leben, den Beruf, meinen Arbeitgeber, den Sport, für meine Möglichkeiten, für all das, was ich (schon) erreicht habe, für all das, was ich noch erreichen werde, für das bevorstehende Training/Turnier, die Pizzeria um die Ecke, spielende Kinder, Vogelgezwit-*

scher, die problemlose Anreise, ein gutes Glas Wein, Blumen am Wegesrand, Sonne, die Reinigungskraft im Büro, für den Freund, der sich mit meinen Sorgen beschäftigt … Überlegen Sie in jeder Situation, wofür Sie gerade dankbar sein können. Um dankbar sein zu können, müssen Sie wahrnehmen, was um Sie herum passiert.

Ergänzen Sie Beispiele für alle Bereiche Ihres Lebens!

Seien Sie dankbar!

Übung: Dankbarkeitstagebuch

Ein Blick auf das Positive im Leben beinhaltet auch, sich der guten Dinge bewusst zu werden und dankbar dafür zu sein. Führen Sie als abendliches Ritual vor dem Schlafengehen ein Dankbarkeitstagebuch. Hier schreiben Sie all die schönen, die kleinen und großen, besonderen Ereignisse, das Gute in Ihrem Leben, Dinge, für die Sie dankbar sind, auf: Dinge, die Ihnen heute Freude gemacht haben, Namen der Menschen,

die heute positiv auf Sie eingewirkt haben. Der Fokus wird auf die angenehmen Dinge des Lebens gelenkt, Selbstbewusstsein und Selbstwert werden gestärkt. Auf lange Sicht wird Sie das glücklicher und zufriedener machen. Wenig Aufwand – große Wirkung!

Übung: Dankbarkeit zeigen (Intervention nach Seligman, Rashid & Parks 2006)

Denken Sie an eine Person, der Sie sehr dankbar sind, der Sie das aber noch nicht gezeigt haben. Schreiben Sie Ihr einen Dankesbrief.

Auf den Punkt gebracht

Die Kontrolle des inneren Dialogs ist ein entscheidender Bestandteil mentaler Stärke. Mehr noch: Erst die Kontrolle Ihres inneren Dialogs, das Betreiben von Gedankenhygiene, versetzt Sie in die Lage, Höchstleistungen zu vollbringen.

Gedanken verändern die Struktur des Gehirns. Diese Struktur lässt sich bis ans Lebensende verändern (Prinzip der Neuroplastizität). Ein Gedanke oder eine Überzeugung wird umso mächtiger, je häufiger Sie ihn denken und damit die entsprechenden Nervenverbindungen im Gehirn wachsen lassen. Sie sind der Konstrukteur Ihrer Realität!

Positive Selbstgespräche (Affirmationen) helfen, Gedanken und Überzeugungen positiv zu verändern und dienen einer förderlichen Selbstinstruktion.

Der Weg zum Ziel – warum der Weg allein eben nicht das Ziel ausmacht

Die Vision

Eine Vision ist der größere Zusammenhang. Eine Vision ist eine für die Zukunft entworfene Vorstellung. Ihr fehlt (noch) die Strategie zur Umsetzung.

Um eine Vision zu entwickeln, helfen Ihnen folgende Fragen:

- Wo will ich hin?
- Wo geht es hin?
- Wie sehe ich mich in der Zukunft?
- Was will ich erreichen?
- Warum tue ich das?
- Wofür tue ich das?
- Wofür steht meine berufliche Tätigkeit?
- Was würde mich glücklich machen?
- Wie soll sich das anfühlen?
- Was sind meine größten Momente von Glück und Erfüllung?
- Wozu stehe ich auf?
- Wozu arbeite ich?
- Wozu verdiene ich Geld?
- Wie sieht meine „Mission" aus?

Der deutsche Ex-Nationaltorhüter Oliver Kahn sagt über die Vision, die seine Karriere begründete: „Meine Vision, und sie stand schon sehr früh für mich fest, war folgende: Ich wollte der beste Torhüter der Welt werden. Der beste Torhüter der Welt! Der beste! Eine gewaltige Vision, gewaltig weit weg damals, ein Über-Über-Ziel. Irgendwie gar nicht nebulös, sondern sehr konkret. Ein gewaltgier Anspruch an mich selbst, den ich mir mit dieser Vision auflud" (Kahn, 2010).

Die Zielsetzung

„Weiß man nicht, welchen Hafen man anlaufen will, ist kein Wind günstig." (Seneca)

Wie viel Zeit investieren Sie in Ihre Urlaubsplanungen und die Vorbereitung des Urlaubs? In Überlegungen wie „Wo soll die Reise hingehen? Wie kommen wir zum Flughafen? Was packe ich ein?" Wie viel Zeit investieren Sie dagegen in Ihre Lebensplanung?

> ***Übung: Was wollen Sie erreichen? Wie sieht Ihr Ziel aus?***
>
> *Formulieren Sie hier Ziele im Sport, berufliche Ziele, Ihr Gesundheitsziel, Ihr Ziel als Familie etc.*
>
> ____
>
> ____

Wer keine Ziele hat, kann nirgendwo ankommen. Ohne Ziele verfolgen wir keine konkreten Pläne und verbuchen seltener Erfolge. Und das wirkt sich auf unser Selbstvertrauen und unseren Energiehaushalt aus. Mit anderen Worten: Ziele motivieren uns und spornen uns an. Haben wir sie erreicht, stärken sie unser Selbstvertrauen und schenken uns neue Kraft.

Nur, wenn Sie wissen, wohin genau Sie wollen, können Sie den geeigneten Weg dorthin festlegen, situations- und anforderungsgerecht handeln. Alles andere bedeutet Stochern im Nebel oder das Ernten von Zufallsprodukten. Das ist weder effektiv noch befriedigend.

© *Trueffelpix/Fotolia.com*

Mein Kollege Jörg Löhr hat für die Zielformulierung einen anschaulichen Vergleich formuliert: „Wie beim Autofahren per Navigationssystem führen uns im Leben nur genaue Zieldaten dahin, wohin wir wollen." (Pfeffer u. Pridun, 2009). Wenn wir in ein Taxi steigen, sagen wir dem Taxifahrer auch nicht, wohin wir nicht wollen, sondern wo genau er uns hinfahren soll. Wenn wir im Restaurant bestellen, sagen wir dem Ober auch nicht, was wir nicht essen und trinken wollen, sondern was er uns konkret von der Speisekarte bringen soll.

Mit klaren Zielen vor Augen wissen Sie viel eher, wann Sie sich in die richtige oder falsche Richtung bewegen, wann es gilt, eine Richtungskorrektur vorzunehmen, zu wenden oder sich durchzusetzen. Es ist wichtig, seine Ziele gut durchdacht festzusetzen, denn sie steuern uns nicht nur bewusst, sondern auch unbewusst.

Warum? – Wozu?

Die Frage nach dem wahren Sinn des Ziels ist eine entscheidende Frage. Auf die Frage „Warum will ich das Ziel erreichen?“ sollten Sie für sich auch ein klares „Darum“ benennen können. Dabei ist die Art der Fragestellung hier besonders entscheidend: Mit der Frage „Warum?“ schöpfe ich meine Motive aus der Vergangenheit, mit „Wozu?“ hingegen richte ich meine Beweggründe nach vorne in die Zukunft.

Das Beispiel des Zahnarztbesuches macht es deutlich. „Ich gehe zum Zahnarzt, weil ich schon sechs Monate nicht mehr dort war“ orientiert sich an der Vergangenheit. „Ich gehe zum Zahnarzt, weil mir gesunde Zähne wichtig sind“ hingegen ist in die Zukunft gerichtet.

Denken Sie daran:

„Richtig motiviert sind wir, wenn wir wirklich einen Sinn in unserem Tun erkennen ... Motivation heißt: Ich will.“ (Katarina Witt)

!

Erkennen wir nicht den Sinn in unserem Handeln, fehlt uns der Antrieb. Der Golfspieler Luke Donald steckte kurz vor dem Ende seiner Karriere mitten in einer Sinnkrise. Er hatte den Spaß am Spiel verloren, es fiel ihm schwer, motivierende Ziele zu formulieren. „Ich wusste nicht mehr weiter. Ich wollte mit dem Golfspielen aufhören. Mein bisheriges Leben als Golfpro ergab für mich keinen Sinn mehr. (...) Mit den Longhittern kann ich nicht mehr konkurrieren. Was bleibt mir an Zielen, die ich noch erreichen kann?" Gemeinsam mit einem Sportpsychologen entwickelte Donald eine neue Wettkampfstrategie. Fortan verzichtete er auf das Messen mit Longhittern und setzte vor allem auf sein starkes Kurzspiel. Dafür suchte er sich passende Turniere aus und hatte auf Anhieb Erfolg. Mit der veränderten Ausrichtung forderte er sich wieder selbst – und fand zu Spielfreude und einem Gefühl der Sinnhaftigkeit zurück.

Als der portugiesische Fußballprofi Éder noch in der heimischen Erstliga spielte, zweifelte er an seinem Können und dachte übers Aufhören nach. Dann traf er auf eine Mentaltrainerin, die in der ersten Coachingsitzung zutage förderte, dass Éder schon von Kindesbeinen an davon träumte, in der englischen Premier League zu spielen.

Seine Mentaltrainerin formulierte daraus ein Ziel und setzte eine sechsmonatige Frist dafür. Von Karriereende war keine Rede mehr. In der Saison 2015/16 wechselte Éder in die Premier League, im Endspiel der Fußball-Europameisterschaft 2016 schoss der Stürmer jenes Tor, das seiner Heimat den Sieg und damit den EM-Titel bescherte. Die konkrete Arbeit daran, sein Ziel zu erreichen, schenkte dem Spitzensportler Kraft und Zuversicht.

Unterschiedliche Arten von Zielen

Ergebnisziele: Was will ich erreichen?

Die meisten von uns legen ihre Lang- und Kurzzeitziele auf der Basis von konkreten Ergebnissen fest. Sie beschreiben das, was erreicht werden soll. Ergebnisziele sind klar quantitativ messbare Ziele. Dabei sollte einem bewusst sein, dass Ergebnisziele zwar genau überprüfbar sind, aber stets einen Anteil an Fremdeinwirkung haben und die Zielerreichung nicht unbedingt allein in der eigenen Hand liegt.

Handlungs- oder Prozessziele: Wie will ich es erreichen?

Handlungsziele blenden das Ergebnis aus und widmen sich dem Weg dorthin. Sie beinhalten die Qualität der Handlung. Handlungsziele können durch eigene Anstrengung und eigenes Engagement erreicht werden. Sie haben die Kontrolle.

Für jedes Handlungsziel werden drei bis fünf Kriterien erarbeitet, die beschreiben, wann das gesetzte Ziel erreicht wurde. Handlungsziele leiten den Fokus auf den jetzigen Moment. Das hilft bei der Konzentration aufs Wesentliche.

Ziele formulieren

Eine korrekte Zielformulierung ist ein entscheidender Erfolgsfaktor. Als der FC Bayern München das Champions-League-Finale 2012 vor heimischer Kulisse verlor, lag das u. U. auch an der falschen Ausrichtung. Monatelang war das erklärte Ziel gewesen, ein Finale „dahoam“ zu bestreiten. Das Finale im heimischen Stadion darüber hinaus zu gewinnen, war als Ziel lange nicht konkret formuliert worden, zumindest nicht öffentlich und in der medialen Berichterstattung. Der Fokus war nicht rechtzeitig genug darauf ausgerichtet. Was den Bayern-Spielern im Finale dann fehlte, waren Verantwortungsbewusstsein und Durchsetzungskraft, um zu siegen, weil im Kopf kein Programm für das „Siegen dahoam" verankert war. Das Ziel „Finale dahoam" war ja bereits mit dem Spiel an sich erreicht.

Ihre volle Wirkung auf unsere mentalen Prozesse haben Ziele nur dann, wenn wir sie nach bestimmten Kriterien formulieren.

„Ein klares Ziel ist eine der Hauptbedingungen für den Erfolg im Leben, unabhängig davon, wie dieses Ziel aussehen mag." (John D. Rockefeller)

Der POSITIVe Zielrahmen

Mit positiven, realistischen, sensorisch konkreten, zeitlich fixierten, aktiven, überprüfbaren, interessanten und individuellen Zielen erhöhen wir die Zielwirkung.

Der POSITIVe Zielrahmen gibt Ihnen jene Kriterien an die Hand, die ein motivierendes Ziel ausmachen:

POSITIVe Zielkriterien

P = positiv und in der Gegenwart formuliert, ohne Vergleiche und Verneinungen, ohne „möchte", „will" oder sprachliche Verneinungen (kein, nicht, nie etc.)

O = ökologisch (ohne innere und äußere Widerstände; im Bewusstsein für die Auswirkungen und Konsequenzen des Ziels)

S = sensorisch/sinnesspezifisch konkret, d. h. den Zielzustand mit allen Sinnen vorweg im Kopf erleben: sehen, hören, fühlen, riechen, schmecken
I = individuell, realistisch, selbst kontrollier- und initiierbar
T = testbar, überprüfbar, messbar
I = interessant, relevant – Bedeutung des Ziels für Sie Sind noch Zwischenziele nötig?
V = visionär – wie passt das Ziel zu den Zukunftsvorstellungen?

Positiv

Ihr Gehirn kann keine Verneinungen verarbeiten. Wenn ich zu Ihnen sage: Denken Sie jetzt bitte nicht an die Farbe Rot, dann werden Sie wahrscheinlich zumindest kurz an Rot gedacht haben. Wir stellen uns also jene Situation, die eigentlich vermieden werden soll, bildlich vor – und schon trifft sie tatsächlich ein (sich selbst erfüllende Prophezeiung). Der Fußballer, der vorm Schuss denkt: Bloß nicht an die Latte, trifft mit Sicherheit die Latte.

Reflektieren Sie sich mit folgenden Fragen:

- Wenn ich das nicht will, was will ich dann?
- Wie mache ich etwas nicht?
- Wenn ich keine Angst hätte, was würde ich stattdessen empfinden?
- Wie wäre es, wenn ich in der Lage wäre, … ?

Beispiel: „Ich will nicht mehr rauchen" ist kein Ziel.

Ökologisch

Ziele bedürfen großen und starken Einsatzes auf Kosten anderer Lebensbereiche:

- Was wird es mir bringen, wenn ich dieses Ziel erreiche?
- Was kostet mich das Erreichen des Ziels? Wie sehr bin ich bereit, diesen Preis zu bezahlen?
- Welchen Preis bin ich bereit, dafür zu bezahlen?
- Welche anderen Ziele habe ich, die damit in Konflikt geraten könnten? Und wie gehe ich damit um?
- Wie würde meine Umgebung (Familie, Partnerschaft, Arbeitskollegen, Chef …) reagieren, wenn ich dieses Ziel erreicht habe? Und wie gehe ich damit um?
- Was ist es mir wert?

Sensorisch

Die Schritte der Zielarbeit verlaufen überwiegend auf der gedanklich-kognitiven Ebene. Das vollständige Potenzial entfaltet sich dann, wenn Sie den Zustand, das Ziel erreicht zu haben, zusätzlich emotional mit vielen Details erleben.

Formulieren Sie daher Ihr Ziel so konkret, dass Sie den Zielzustand sehen, hören und spüren, vielleicht sogar riechen und schmecken können.

In der Vorstellung zu erleben, das Ziel erreicht zu haben, weckt Begeisterung und aktiviert positive Energien. Ziele, die Sie in Ihrer Fantasie bereits mehrfach erfolgreich erlebt haben, stärken Ihr Selbstvertrauen und die Willenskraft, diese wirklich zu erreichen. Sie wirken im Sinne von sich selbst erfüllenden Prophezeiungen positiv in die Zukunft (siehe → Zielvisualisierung).

Individuell

Formulieren Sie Ihr Ziel so, dass es von Ihnen abhängt, ob Sie es erreichen oder nicht:

- Kann ich mein Ziel ohne fremde Hilfe erreichen?
- Kann das Ziel mit den verfügbaren Ressourcen realisiert werden?

Bei einem wohlformulierten Ziel spielen Sie eine aktive Rolle und sind nicht abhängig von anderen oder äußeren Umständen, d. h. die Verantwortung für das Ziel muss bei Ihnen selbst liegen und darf sich nicht auf Dritte oder Rahmenbedingungen beziehen.

Testbar

So wichtig wie die positive, konkrete Formulierung ist auch deren Überprüfbarkeit.

- Woran werde ich merken, dass ich auf mein Ziel zugehe oder mich davon entferne?
- Woran werde ich, du oder ein anderer (Mensch) erkennen, ob ich das Ziel erreicht habe?
- Wann darf mich jemand nach dem Ergebnis fragen?

Interessant

Ihr Ziel muss Ihren Vorstellungen entsprechen. Es geht nicht darum, anderen zu gefallen. Gleichen Sie Ihre Ziele mit Ihren Visionen, Wünschen, Hoffnungen und Träumen ab.

- Wie wird es sein, am Ziel zu sein?
- Was bedeutet es für mich?
- Was wird es mir bringen, dass ich dieses Ziel erreicht habe?

Visionär

Formulieren Sie ihre Ziele so, dass sie den Kern ihrer Wünsche treffen.

- Warum ist das für mich wichtig?
- Wie passt dieses Ziel zu meiner Vision/Zukunft?
- Wozu will ich mein Ziel erreichen?
- Steckt ein größeres Ziel dahinter?
- Welcher Sinn steht hinter dem Ziel?
- In welchem größeren Zusammenhang steht es?

Beispiel aus dem Sport

Der Weltklasse-Tennisspieler Roger Federer sollte als 15-Jähriger im Tennisinternat seine sportlichen Ziele aufschreiben. Während seine Mitschüler Sätze formulierten wie „Berufsspieler werden" oder „unter die ersten 100 der Weltrangliste vorstoßen", schrieb Roger Federer: „In die Top Ten kommen und dann die Nummer eins werden" (Weltwoche, 2007).

Ein hohes Ziel, aber offensichtlich ein sehr motivierendes. Knapp zehn Jahre später, im Jahr 2005, steht der Schweizer auf Platz eins und sagt dazu im Interview: „Das zeigt mir, dass ich mich richtig organisiert habe als Profi, dass ich mein Potenzial ausspiele" (Berliner Morgenpost, 2006). Federer hat stets sehr zielstrebig agiert, immer nach Platz eins gestrebt und mit jedem Erfolg an Durchsetzungskraft gewonnen. Erfolgreiche Menschen eint eines: Sie denken realistisch groß und nicht, wie viele von uns, zu klein.

Es reicht nicht, Ihre Ziele im Kopf zu definieren. Halten Sie Ihr Ziel schriftlich fest, ohne Hintertürchen! Unterschreiben Sie Ihren Zielvertrag und lassen Sie ihn von „Zeugen", ihnen wohlgesinnten Menschen, bestätigen.

Mit Vorstellungskraft Richtung Ziel

Die bildhafte Vorstellung eines Ziels oder einer bestimmten Situation beeinflusst unser Unterbewusstsein, aktiviert Erlebnisnetzwerke im Gehirn und arbeitet nach dem Prinzip der sich selbst erfüllenden Prophezeiung („self-fulfilling prophecy"). Es macht einen großen Unterschied für das Ausschöpfen des eigenen Potenzials, ob ich ein Ziel konkret bildhaft vor Augen habe oder nicht.

Fußball-Bundestrainer Joachim Löw berichtet von einer Kilimandscharo-Besteigung, in deren Verlauf er, körperlich und geistig am Limit, ans Aufgeben dachte. Löw: „Und dann gegen fünf Uhr am Morgen haben wir eine Kuppe überquert und den Gipfel gesehen. Bis dahin sind es dann normalerweise noch zwei Stunden. Aber als ich über diese Klippe hinweg war, dachte ich, ich sei neu geboren. Ich hatte plötzlich das Gefühl, dass ich den Rest joggen könnte. Diese Grenzerfahrung hat mir gezeigt, dass es immer weitergeht, das man immer noch einen Schritt nach vorne machen kann, selbst wenn man glaubt, dass es nicht mehr geht. Und wenn man das Ziel sieht, egal wie schwer es zu erreichen ist, dann dreht man nicht mehr um! Diese Erkenntnis hat mir in meinem Leben immer geholfen – auch bei Rückschlägen oder Enttäuschungen."

Löw hat am Kilimandscharo erfahren, wie stark ein Ziel, das man deutlich vor Augen hat, motivieren kann und Kräfte freisetzt, von denen man bis dahin nicht ahnte, dass sie vorhanden waren. Größte Anstrengung, höchste Motivation und Hartnäckigkeit bilden die Brücke zum Ziel, über jede Widrigkeit hinweg. Und diese mentale Stärke hilft dann auch beim Umgang mit jenen Momenten, in denen wir scheitern, denn manches Ziel erreichen wir trotz aller Anstrengungen und Willenskraft nicht beim ersten Versuch.

Die Zielvisualisierung

Erzeugen Sie ein Zielbild in Ihrem Kopfkino. Solche Imaginationen wirken strukturbildend im Gehirn. Je öfter Sie sich etwas vorstellen, desto stärker bahnen Sie die entsprechenden neuronalen Verknüpfungen. Unser Gehirn unterscheidet zwar noch zwischen realer Wahrnehmung und geistiger Vorstellung, doch bei lebhafter Imagination sind etliche seiner ca. 30 visuellen Areale aktiv.

Mit anderen Worten: Mit der Macht Ihrer inneren Bilder ebnen Sie den Weg zur realen Umsetzung. Die Visualisierung bildet hinsichtlich Ihres Leistungsvermögens eine Brücke zwischen Geist und Körper.

Was passiert, wenn das Zielbild fehlt?

Einem Klienten von mir, einem Triathleten, wurde bei der gemeinsamen Zielarbeit bewusst, dass der einzige Triathlon, den er nicht beendet hatte, obwohl er topfit war, jener war, für den er kein Zielbild entwickelt hatte. Er hatte sonst für jeden Wettkampf immer ein Bild vor Augen, das ihn beim Zieleinlauf zeigt. Nur für diesen einen Triathlon nicht.

Die Zielcollage

Visualisieren Sie Ihr Ziel mithilfe einer Zielcollage. Wählen Sie aus Zeitschriften, Fotos oder dem Internet spontan Motive, die zu Ihrem Ziel passen. Kleben Sie diese auf ein großes Blatt Papier.

Holen Sie sich Feedback von einer Vertrauensperson: Sie soll assoziieren, ohne vorher viel über das Ziel erfahren zu haben, was sie im Bild sieht und was ihr sofort auffällt.

Ein Coaching-Klient aus dem Sport hatte z. B. das Ziel, bei seiner Teilnahme an einer Weltmeisterschaft auf dem Siegertreppchen zu stehen. Auf seiner Zielcollage war zwar ein Podest abgebildet, aber dort stand niemand drauf! Die Ehe, von der er erzählt hatte, war auf der Zielcollage nicht abgebildet. Solche Beobachtungen geben Ihnen wertvolle Hinweise auf die Stimmigkeit Ihres Ziels.

Fügen Sie Dinge hinzu, wenn etwas fehlen sollte, oder entfernen Sie etwas. Zielerreichung ist ein Prozess.

Alternative Übung: der digitale Bilderrahmen

Lassen Sie z. B. auf Ihrem Schreibtisch Bilder in Dauerschleife laufen, die Sie mit Ihrem Ziel verbinden. Sie können sie immer wieder leicht be- und überarbeiten und zusätzlich positive Affirmationen, Fotos Ihrer Erfolge oder schöner Orte (Übungen zu Ruhebildern, → Visualisierung zur Stressregulation) einfügen. So haben Sie Ihr Ziel immer vor Augen – Unterbewusstsein und Bewusstsein beschäftigen sich auf diese Weise oft damit.

Auf den Punkt gebracht

Ziele motivieren, steuern Aufmerksamkeit und Handeln, setzen Energie frei.

Wir unterscheiden zwischen Ergebnis- und Handlungszielen:

- Ergebnisziele sind quantitativ messbar, unterliegen jedoch auch fremden Einflüssen.
- Handlungsziele beschreiben den Weg zum Ergebnis und unterliegen der eigenen Kontrolle, der Fokus liegt auf der Gegenwart.

Folgende Kriterien machen ein motivierendes Ziel aus (POSITIVer Zielrahmen): Formulieren Sie Ziele positiv, realistisch, ohne innere und äußere Widerstände, sinnesspezifisch konkret, zeitlich fixiert, aktiv, überprüfbar, interessant, individuell und visionär.

Halten Sie Ziele schriftlich fest.

Visualisieren Sie Ihre Ziele im „Kopfkino“ über alle Sinne mit möglichst vielen Details.

Die Frage der Fokussierung – warum Konzentration aufs Wesentliche

„Konzentration aller Kräfte! Die Zerstreuung ist der Tod aller Größe." (Friedrich von Schlegel)

Den Blick aufs Ziel nicht verlieren

Ein Fußballer legt sich den Ball am Elfmeterpunkt zurecht. Beim Zurücklaufen bemerkt er seine Mitspieler, die ihn anfeuern. Der Torwart der gegnerischen Mannschaft versucht ihn zudem abzulenken. Der Ball muss ins Tor, sonst ist das Champions-League-Finale verloren. Das Stadion ist bis auf den letzten Platz ausverkauft, ohrenbetäubender Lärm. Inmitten dieser Einflüsse versucht sich der Fußballer auf die Ausführung des Elfmeters zu konzentrieren. Geht der Ball ins Tor, wenn er jetzt an verschossene Elfmeter denkt?

Die Fokussierung auf ein Ziel, auf eine Aufgabe, die Sie schaffen wollen, oder eine Tätigkeit ist die Voraussetzung dafür, dass Sie Ziele erreichen, Aufgaben meistern und Erfolge feiern können. Der Wunsch allein, ein Ziel erreichen zu wollen, reicht noch nicht aus, um dorthin zu gelangen. Sondern es verlangt nach Disziplin, Durchhaltevermögen, Verzicht, Tun und Handeln und vor allem nach der Konzentration auf eben dieses Ziel.

Fokussieren

etwas auf einen zentralen Punkt ausrichten (lt. Duden). Ihr Denken, Ihr Fühlen, Ihr Verhalten, Ihr Handeln – alles richtet sich an Ihrem Ziel oder Ihrer anstehenden Aufgabe aus.

Der verstorbene US-amerikanische Schriftsteller Napoleon Hill schrieb in seinem Bestseller „Denke nach und werde reich" zur Fokussierung Folgendes: „Die meisten Menschen wünschen sich materiellen Besitz. Aber der Wunsch nach Reichtum reicht noch nicht aus. Nur ein an Besessenheit grenzendes Verlangen, sorgfältige Planung, die Wahl geeigneter Mittel und die eiserne Entschlossenheit, das einmal gewählte Ziel um jeden Preis zu erreichen, führen zum Erfolg" (Hill, 2000).

Was skrupellos klingen mag, bedeutet selbstverständlich nicht, fürs eigene Ziel über Leichen zu gehen. Solches Vorgehen beschert keinen nachhaltigen Erfolg. Hill drückt vielmehr die unbedingte Zielstrebigkeit aus, nämlich das eigene Handeln nach diesem Ziel kontinuierlich auszurichten. Mit anderen Worten: Den Fokus aufs Ziel aufrechtzuerhalten. Das gilt für den Fokus auf ein langfristiges Ziel über Jahre ebenso wie auf eine unmittelbar anstehende Aufgabe oder Tätigkeit in diesem Augenblick.

Hilfreich ist es, wenn sich Ihr Fokus vor allem auf den Bereich Ihrer eigenen Handlungsmöglichkeiten richtet. Zur Erinnerung: Handlungsziele sind voll und ganz in unserer Hand, Ergebnisziele hingegen hängen auch von äußeren Faktoren ab.

> Liegt Ihr Fokus auf der Optimierung Ihrer Leistung, können Sie ihn auch unter schwierigen Bedingungen aufrechterhalten, wenn Sie entschlossen sind. Dominiert das Streben nach bestimmten Ergebnissen Ihr Denken, wird der Fokus meist von Versagensangst und Ärger davongeschwemmt.
>
> Der deutsche Rennfahrer Sebastian Vettel sagt dazu: „Mein Ziel ist es, die Leistung zu optimieren und mich nicht um ein paar Tausend rechnerische Möglichkeiten zu kümmern."

Spitzensportler wissen, wie elementar die Fokussierung ist, um zum Zeitpunkt X das volle Leistungspotenzial abrufen zu können. Sie sind Meister des Augenblicks, wohl wissend, dass alle Trainingserfolge nichts zählen, wenn im Wettkampf an entscheidender Stelle der Fokus fehlt.

Jeder Sportler hat seine eigenen Techniken und Rituale, wie er den Fokus bewahrt. Unterm Strich eint alle eines: Die Athleten begeben sich in einen Tunnel, schotten sich von Außeneinflüssen ab, sorgen für ein ruhiges Umfeld, lassen keine störenden Gedanken mehr zu.

Der ehemalige Tennisprofi Boris Becker hielt seinen Fokus durch Abschottung von der Außenwelt aufrecht, schon als 17-Jähriger vor seinem ersten Wimbledonsieg: „Im Umkleideraum sitzt mein Gegner Kevin Curren bereits auf einer der Bänke: ‚Hi.' Kein weiteres Wort. Weder zu ihm noch später zu einem anderen meiner Finalgegner. (…) Ich habe Scheuklappen auf, sitze da wie ein Zombie. Das ist meine Art, mit dem Druck fertig zu werden, mich zu konzentrieren. Alles andere interessiert mich nicht. Ich muss mich in diesen Zustand bringen, mich total abkapseln. Ich bin dann wie in einem Tunnel und habe auch diesen Tunnelblick." Als Becker davon ein einziges Mal abweicht und mit seinem Landsmann Michael Stich ein paar Worte vor dem Match wechselt, siegt Stich.

Die Tennisfunktionäre sagten Becker damals übrigens, so Becker in seiner Autobiografie, keine große Karriere voraus. Doch Becker nahm solche Negativurteile als Ansporn, seinen Kritikern das Gegenteil zu beweisen. Er hielt seinen Fokus weiter aufs Ziel Tenniskarriere gerichtet. Und das galt auch für entscheidende Augenblicke auf dem Platz, die ihn an seine Leistungsgrenze brachten: „Ich habe in jedem Match irgendwann eine Mauer erreicht und bin drübergesprungen – Konzentration, Wille hat sie mich überwinden lassen."

Bei der Torwartlegende Oliver Kahn begann die absolute Fokussierung schon bei der Vorbereitung auf ein Spiel und setzte sich auf dem Rasen fort: „Es gab nichts anderes als die totale Konzentration auf dem Weg zum Ziel." Auf dem Rasen heftete er dann seinen Blick auf den Ball und ließ ihn dort – auch bei Eckbällen für seine Mannschaft, wo der Ball weit weg war.

Für die deutsche Ski-Rennläuferin Regina Häusl-Leins war das Wissen, optimal vorbereitet zu sein, ein sehr wichtiger Faktor, um konzentriert, fokussiert und mit der richtigen, inneren Gelassenheit arbeiten zu können: „Meine Konzentration stört der Gedanke, ungenügend vorbereitet zu sein. Das passiert mir deshalb sehr, sehr selten. Um mich auf eine Sache im Sport oder im Beruf (z. B. Abfahrtslauf, Diplomarbeit, Selbstgespräche u. Ä.) konzentrieren zu können, brauche ich möglichst ein ruhiges Umfeld. Das Umfeld durch Vorstellungen auszublenden, wie z. B. ‚ich befinde mich in einem Tunnel', gelingt mir selten. Deshalb suche ich mir einen Rückzugsort, halte mir die Ohren zu oder schalte z. B. den Fernseher aus."

Fokus – auch eine Frage der Prioritäten

Fokussiert zu sein heißt, bei der Sache zu sein. Und das bedeutet, Ablenkungen und Nebenschauplätze zu vermeiden. Sie wollen sich auf eine Sache oder Situation konzentrieren? Dann fragen Sie sich:

- Bin ich wirklich voll und ganz mit meiner Aufmerksamkeit im Hier und Jetzt?
- Gibt es Störfaktoren, die ich selbst beeinflussen kann (z. B. der Umgang mit Handy, Telefon, Fernsehen, E-Mails, Internet ...)?
- Wälze ich in Gedanken Themen und Fragen, die mit der aktuellen Situation/Aufgabe nichts zu tun haben?

Fokussierung kann auch bedeuten, sich in entscheidenden Phasen von sozialen Medien fernzuhalten und die Kontaktpflege zu reduzieren.

Keine Frage, Fokussierung ist eine hohe Kunst. Es bedarf der Übung, um sich so konzentrieren zu können, dass es weder den inneren Stimmen noch äußeren Störfaktoren (Lärm, Kritik, Sekretärin, die eine Frage hat, Kollegen, Gespräche, Telefonklingeln etc.) gelingt, den Fokus zu brechen. Auch Sie können lernen, sich weder aus der Ruhe noch von Ihrem Vorhaben abbringen zu lassen.

Konzentration

eine relativ lange und bewusste Fokussierung der Aufmerksamkeit auf eine Sache, eine Tätigkeit, ein Ziel, eine Person, einen Gegenstand oder eine Aufgabe. Störquellen wie Aktivitäten des Umfelds oder eigene Zweifel werden ausgeblendet.

Konzentration ist nicht angeboren, sondern muss trainiert werden. Konzentration ist keine Eigenschaft, die Sie einmal erwerben und über die Sie dann jederzeit verfügen. Sie ist vielmehr eine Fähigkeit, die Sie sich immer wieder bewusst machen müssen und die in besonderem Maße von der Situation, von Ihrer Motivation, von der Aufgabe, von Ihrem Können, von Ihrer aktuellen Stimmung und Ihrer psychischen Verfassung abhängt.

Konzentrationsfähigkeit betrifft

- die äußeren Sinne (Hören, Sehen, Tasten),
- die inneren Sinne (Tasten, Gleichgewicht, Bewegung),
- die Steuerung eigener Gedanken,
- die Steuerung eigener Gefühle,
- den Umgang mit Druck und Erwartungen sowie
- den Umgang mit äußeren Einflüssen.

Je stärker Sie motiviert sind, je besser Ihre Selbstwahrnehmung und -steuerung ist, je disziplinierter Sie sind, offen und zuversichtlich, desto leichter können Sie sich konzentrieren. Unsere Konzentration kann durch verschiedene innere und äußere Störfaktoren unterbrochen werden:

Innere und äußere Störfaktoren sind u. a.:

- Selbstzweifel
- Überforderung
- die Frage an sich selbst, ob Sie auch alles richtig machen
- die Frage, was andere über Sie denken
- körperliche Anspannung
- ungünstige Rahmenbedingungen, z. B. zu viel/zu wenig Licht, Unordnung …
- Ablenkung durch Geräusche oder Lärm
- Ablenkung durch andere Personen
- Müdigkeit, Stress oder gesundheitliche Einschränkungen
- zu wenig Flüssigkeit, insbesondere Wasser, oder falsche Ernährung.

Spitzensportler müssen in der Lage sein, ihre Aufmerksamkeit je nach situativen Anforderungen anpassen zu können. Der ehemalige Skispringer Sven Hannawald hat sich auf Höchstleistungen vorbereitet, indem er, so sagt er, bei sich blieb: „Pausen machen, um nicht permanent auf höchstem Leistungs- und Konzentrationsniveau zu sein. Das wird sonst eine Einbahnstraße – bewusste Ablenkung und dann wieder der Wettkampftunnel. Der Tunnel, in dem man an der Schanze ist, muss danach wieder geöffnet werden. Die Ablenkung muss man aber selbst steuern können. Meiner Meinung nach ist das ganze Social Media, schnell noch ein Bild vom Aufwärmen twittern usw., eine Verführung und ein Störfeuer."

Paradebeispiel Störfaktor: das Mobiltelefon

Haben Sie schon mal Fußballspieler im Spiel mit Handy auf dem Platz gesehen? Sie konzentrieren sich im Spiel darauf, das Spiel zu gewinnen. Und nach dem Spiel erledigen sie ihre Anrufe.

Sie haben es sicher schon selbst beobachtet oder erlebt: Menschen, die über einer Aufgabe, einem Buch oder in einem Meeting sitzen. Neben ihnen liegt das Handy. Kaum fünf Minuten vergehen, ohne dass der Blick zum Telefon schweift. Eine SMS piept, ein Post bei Facebook, WhatsApp-Chats, eingehende E-Mails, Tweets usw. fordern Aufmerksamkeit. Unter den häufigen Unterbrechungen leidet nicht nur die Konzentration, sondern meist auch die Effizienz.

Übung: Wo liegen Ihre Konzentrationsstärken und -schwächen?

Nehmen Sie ein Blatt Papier und schreiben Sie auf,

- *in welchen Situationen Ihnen die Konzentration leichtfällt;*
- *unter welchen Umständen Ihre Konzentration leidet.*

Wenn Sie äußere Störfaktoren notiert haben, die Sie ändern können, dann schalten Sie diese ab. Räumen Sie z. B. Ihren Schreibtisch auf, schalten Sie Ihr Handy aus, schließen Sie Ihr E-Mail-Postfach, unterbinden Sie ablenkende Signaltöne, öffnen oder schließen Sie das Fenster, stellen Sie Ihr Telefon um, suchen Sie sich einen ruhigen Platz.

Bei Sportarten, die über Stunden gehen wie z. B. beim Golfen oder Tennis, lässt sich die Konzentration nicht permanent aufrechterhalten. Hier nutzen die Sportler vorhandene kleine Pausen, wie den Seitenwechsel oder den Weg zum nächsten

Abschlag, um kurz zu entspannen. Dann fällt es leichter, sich danach wieder zu konzentrieren. Dabei hilft vor allem die Atmung.

Konzentration und Entspannung

Konzentration kann nur für eine bestimmte Zeit aufrechterhalten werden. Niemand kann sich lange am Stück konzentrieren, ohne sich zwischendurch zu entspannen. Wer sich oft konzentrieren muss, braucht regelmäßige, effektive Entspannung.

Der Atem – Energie tanken und abgeben

Die wichtigste Aufgabe der Atmung ist die ausreichende Versorgung der Zellen mit Sauerstoff und die Ausscheidung von Kohlendioxid. Sauerstoffmangel kann Müdigkeit, Kopfschmerzen, Energielosigkeit und Unkonzentriertheit zur Folge haben. In schwierigen Situationen oder unter Stress wird die Atmung schnell und flach, das heißt, die Atemluft fließt nur bis zum Brustkorb. Damit der Atem wieder frei fließen kann, eignet sich folgende Übung:

Übung: Atemübung (Stressabbau, Entspannung)

Wenn Sie mögen, schließen Sie die Augen. Durch die Nase einatmen, durch den leicht geöffneten Mund ausatmen.

- *Beim Einatmen die Zunge hinter die oberen Zähne an den Gaumen legen.*
- *Beim Ausatmen Zunge fallen lassen.*

- *Die Aufmerksamkeit auf den Atem lenken. Es hilft, die Anzahl der Atemzüge mitzuzählen.*
- *Nun das Ausatmen verlängern: Immer etwas mehr, bis das Ausatmen etwa doppelt so lange dauert wie das Einatmen.*
- *Beim Ausatmen vorstellen, wie alles Belastende, Negative ausgeatmet wird.*
- *Das Ausatmen mit der Affirmation „Ich lasse los" verstärken.*

Training der Konzentrationsfähigkeit

Es gibt viele Wege, die Konzentrationsfähigkeit zu trainieren. Im Folgenden stelle ich Übungen vor, die mit Ihrer Gedankenhygiene, Ihrer Wahrnehmung und Ihrer Vorstellungskraft arbeiten.

Übung: Im Hier und Jetzt sein

Fokussieren Sie sich. Denken Sie in der Gegenwart. Sie leben im Hier und Jetzt, nicht in der Vergangenheit und nicht in der Zukunft. Wenn Sie an den letzten Termin denken, an Unerledigtes oder das Wochenende, laufen Sie Gefahr, die Konzentration zu verlieren.

Tun Sie nur, was Sie gerade tun: keine Unterbrechungen, keine Ablenkungen.

Sobald Sie merken, dass Sie sich ablenken lassen, besteht die Herausforderung darin, sich wieder zurück ins „Hier und Jetzt" zu bringen. Der beste Weg dazu ist das bewusste Wahrnehmen der eigenen Atmung. Nehmen Sie sich sowohl vor dem Beginn einer anstehenden Aufgabe und immer dann, wenn Ihre Konzentration nachlässt, zwei oder drei Minuten Auszeit und beobachten Sie Ihre Atmung.

Wichtig dabei: Verfolgen Sie bewusst, wie sich der Bauch bei der Einatmung wölbt und sich wieder senkt, wenn Sie ausatmen. Schon nach ein bis zwei Minuten merken Sie, wie sich Ihr Geist beruhigt, Sie sich entspannen und die Anspannung schwindet.

Übung: Wahrnehmung schärfen

Suchen Sie sich einen Gegenstand in Ihrem Umfeld, den Sie aufmerksam betrachten. Versuchen Sie, eine Minute lang nur an diesen Gegenstand zu denken und an nichts anderes. Je besser Ihnen das gelingt, desto länger können Sie den Zeitraum ausdehnen.

Stellen Sie beim Fernsehen oder Radiohören den Ton für zehn Minuten ganz leise. Versuchen Sie, trotzdem jedes Wort zu verstehen, das gesprochen wird.

Abschottungshilfen, imaginärer Schutzraum

Gegen Lärm, Stimmen und Geräusche von außen können Sie sich einen imaginären Motorradhelm aufsetzen. Bei Bedarf können Sie das imaginäre Visier aufklappen. Oder Sie stecken sich imaginäre Ohrstöpsel ins Ohr.

Bei störenden Umwelteinflüssen: Visualisieren Sie einen imaginären Schutzraum in Form einer Glocke/Kugel/Kapsel aus Glas, einer Seifenblase oder eines Tunnels, in dem Sie sich befinden. So lassen Sie nichts an sich heran, was nicht an Sie heran soll.

Beispiel aus dem Golfsport

Der Golfprofi Tiger Woods verrät: „Vor einigen Jahren begann ich, meine Hände über die Augen zu halten, während ich die Puttlinie studierte. Der Grund ist nicht, auf diese Weise mehr, sondern eher weniger zu sehen. Auf der amerikanischen Tour begleiten mich stets große Zuschauermengen, und entsprechend groß ist die Unruhe, was mich ablenkt. Wenn ich aber mit meinen Händen eine Art Tunnel bilde, kann ich mich viel besser auf meine Puttlinie konzentrieren."

Die Ausrichtung der Konzentration trotz Störungen

Lernen Sie, Druck- und Stressbedingungen zu bewältigen. Dazu zählen ablenkende Einflüsse von außen wie z. B. Lärm, Überraschungen, Hektik oder ungewollte Pausen. Eine Ablenkung oder Störung bedeutet immer den Verlust oder die Verschlechterung Ihrer Konzentration. Trainieren Sie den Umgang mit Störungen, indem Sie sich z. B. bewusst in die geräuschvolle, geruchsintensive und unruhige Kantine setzen, dort Ihren imaginären Schutzraum visualisieren und konzentriert eine Aufgabe erledigen.

Strategie eines Spitzensportlers

Der ehemalige Skispringer Sven Hannawald bekam „Kopfprobleme" durch Konzentration aufs Wesentliche in den Griff. „Ich habe gelernt, die Situation einzuschätzen und mich dann 100 % zu fokussieren. Ich habe keine Gespräche mehr vor oder bei den Wettkämpfen geführt, das Drumherum ausgeblendet. Natürlich fällt das am Anfang schwer, Bekannte, die einem zuwinken, einfach zu ignorieren. Aber ich habe versucht, das dann im Vorfeld oder hinterher zu er-

klären, dass die Priorität der Wettkampf ist und alles andere ausgeschaltet wird. Denn am Ende zählt nur das Ergebnis.

Es war nicht einfach, die Medienwelt und die Sportwelt zu verbinden, da die Medienvertreter ja auch ihre eigenen Ziele verfolgen und das ist auch richtig. Ich akzeptiere das, habe auch immer versucht, beides zu bedienen: ‚Jetzt nicht, weil... Aber nach dem Wettkampf gerne.' Ansonsten hat man ein tolles Interview, eine tolle Presse, ist aber selbst nicht zufrieden, weil man im Wettkampf nicht das gewünschte Ziel erreicht hat."

Sich auf das Wesentliche zu konzentrieren, fällt uns oft nicht leicht – zahlreiche Ablenkungen durch digitale Medien, der Wunsch, sein Talent als Multitasker zu beweisen oder Reizüberflutungen machen uns die Fokussierung schwer. Unter Zeit- und Anforderungsdruck geht mancher dazu über, weniger als 100 Prozent zu geben.

Je mehr Dinge wir neben der anstehenden Aufgabe im Kopf haben, desto mehr Effizienz und Energie geht verloren. Doch wer nur halb oder dreiviertel bei der Sache ist, kann deutlich weniger seines Leistungsvermögens abrufen, als jemand, der zu 100 Prozent fokussiert ist. Deshalb ist Fokussierung ein elementarer Bestandteil des Erfolgs.

Einer der Hoffnungsträger des deutschen Skisprungverbands, Markus Eisenbichler, veränderte durch einen schweren Sturz 2012 seine Einstellung zum Sport: „Ich war früher oft schludrig, habe im Training nicht immer 100 Prozent gegeben:" Im Krankenhaus habe er sich gesagt: „Falls ich wieder fit werde, dann probiere ich es noch mal. Dann nicht mehr mit 80 Prozent. Sondern unter dem Motto ‚Alles oder

Nichts'." Sein Engagement hat ihn in den vergangenen Jahren deutlich nach vorne gebracht.

In Zeiten ständiger Erreichbarkeit ist es für uns alle enorm wichtig, sich seiner Konzentration und der notwendigen Prioritäten bewusst zu werden. Die meisten Menschen neigen dazu, sich mit zu vielen Dingen nebenher zu beschäftigen. Das verwässert den Blick aufs Wesentliche und blockt unnötig viele Kapazitäten beim Denken. Um das zu durchbrechen, hilft regelmäßige Selbstreflexion. Fragen Sie sich:

- Bringt mich das, was ich gerade tue, meinem Ziel näher?
- Oder verliere ich mich gerade in Nebensächlichkeiten, die mir nicht oder nur wenig dabei nutzen, mein Ziel zu erreichen?

Auf den Punkt gebracht

Die Fokussierung auf eine unmittelbar anstehende Aufgabe ist Voraussetzung für die erfolgreiche Bewältigung.

- Trainieren Sie Ihre persönliche Konzentrationsfähigkeit.
- Blenden Sie innere und äußere Störfaktoren konsequent aus. Schotten Sie sich mithilfe von inneren Bildern ab.
- Managen Sie Ihr Umfeld entsprechend Ihren Bedürfnissen.
- Tun Sie das, was Sie tun, mit Hingabe und Begeisterung. Je mehr Freude und Spaß Sie am dem haben, was Sie gerade tun, umso leichter fällt es Ihnen, sich zu konzentrieren.
- Machen Sie bewusst Pausen zwischen den Konzentrationsphasen. Kleine Auszeiten sind notwendig.

Die Kraft der inneren Bilder – wie wir damit den Weg zu realen Erfolgen ebnen können

„Die Vorstellungskraft ist die Macht des Geistes über die Möglichkeiten der Dinge.“ (Wallace Stevens)

Visualisierung – geeignet für viele Bereiche

Die meisten Spitzensportler vieler Disziplinen in aller Welt trainieren das Visualisieren regelmäßig. Im Leistungs- und Extremsport wird die Kraft der Visualisierung schon lange als effektives Element angewandt. Mit inneren Bildern können sowohl vergangene Situationen noch einmal durchgespielt und zu einem positiven Ergebnis geführt werden, als auch neue Situationen im Vorfeld durchlebt und positiv vorbereitet werden. Sportler nutzen die Macht ihrer inneren Bilder z. B.,

- um Bewegungsvorstellungen zu optimieren,
- um sich zu motivieren, indem sie Erinnerungen an Erfolgsmomente abrufen,
- zur Psychoregulation, um mit Ruhebildern eine Blitzentspannung herbeizuführen, oder
- um angestrebte Ziele zu visualisieren.

©M-WoGi – Fotolia.com

Ein Klient von mir ist Marathonläufer und beschreibt seine Zielvisualisierung für den nächsten Wettkampf so: „Ich sehe mich über den roten Teppich am Frankfurter Römer laufen. Sobald ich dieses Bild visualisiere, steigen mir Tränen in die Augen, weil es noch nie in meinem Leben ein Ziel gab, das ich so bewusst angestrebt und auf das ich mich so lange vorbereitet habe. Bei jeder Trainingseinheit durchdenke ich Passagen des Wettkampfs."

Wenn Sie z. B. die Weltcup-Alpinskifahrer am Start vor ihrem Rennen beobachten, können Sie sehen, wie die Sportler die Rennstrecke konzentriert im Geiste durchfahren. Häufig wiegen sie den Oberkörper zu den Schwüngen und Fahrtrichtungswechseln.

Auch wenn der ehemalige Turner Fabian Hambüchen am Reck stand, sammelte er sich kurz. Vor seinem inneren Auge lief in diesem Moment ein kleiner Film mit einem besonders schwierigen Übungsteil ab. Und dann ging es los: „Sowie meine Finger das Metall der Stange berühren, explodiere ich", verriet der erfolgreichste Deutsche der Turngeschichte.

Auch der ehemalige Skispringer Sven Hannawald nutzte die Visualisierung vor dem Sprung: „Die Abläufe an der Schanze waren immer die gleichen: Schanze begehen, den Sprung visualisieren und dann mit diesem Bild in den Tunnel der Konzentration gehen."

Auch im Motorsport setzen Rennfahrer Visualisierung ein, um sich auf unterschiedliche Streckenanforderungen und Teilabschnitte eines Rennens vorzubereiten. Dann werden z. B. das Qualifying, der Start, Überholmanöver oder das Fahren bei Regen visuell trainiert. Ziel ihrer Visualisierungen ist gerade zu Beginn, wenn sie noch nicht erfahren darin sind, die Fehlerfreiheit. Sie ist viel entscheidender als die Renngeschwindigkeit. Das Einhalten des vereinbarten Fahrplans bis ins kleinste Detail, wie der Druck aufs Bremspedal, ist oberstes Gebot.

Im Golfsport verdanken etliche Spitzengolfer ihre Erfolge u. a. ihren täglichen Visualisierungsübungen. Der berühmte Golfspieler Jack Nicklaus sagt: „Ich schlage nie einen Ball, selbst nicht beim Training, ohne ein sehr scharfes und klares Bild von dem Schlag in meinem Kopf zu haben. Es ist wie ein Farbfilm. Erst ‚sehe' ich den Ball am gewünschten Landeort, dann wechselt die Szene schnell und ich ‚sehe' den Ball, wie er dorthin fliegt; dann wird ausgeblendet, und die nächste Szene zeigt mir, wie ich den Schwung ausführe, der die vorausgegangenen Bilder in die Wirklichkeit umsetzt."

Was Sportler unterstützt, können auch Sie beruflich und privat nutzen. Die Visualisierung als Voraussetzung für Höchstleistungen ist eine der wirksamsten mentalen Techniken, die uns zur Verfügung stehen.

Visualisieren (auch Imagination)

synonym mit Einbildung, Einbildungskraft, Fantasie, bildhaft anschaulichem Vorstellen. Darunter wird die psychische Fähigkeit verstanden, Bilder im Geiste zu entwickeln oder sich an solche zu erinnern und diese mit dem inneren geistigen Auge anschaulich wahrzunehmen (wikipedia.de).

Im Mentaltraining werden in diesem Zusammenhang auch die Begriffe Vorstellungstraining, ideomotorisches Training oder mentales Training verwendet.

Das Wort „Visualisierung" ist vom lat. videre (= sehen) abgeleitet. Man könnte deshalb meinen, dass Visualisierung sich nur aufs Sehen bezieht. Tatsächlich aber erleben wir die Visualisierung mit allen Sinnen und sie wird auch ebenso komplex vom Gehirn verarbeitet.

Die Visualisierung lässt sich in folgenden Bereichen anwenden:

- Happy End: Vergangene Situationen lassen sich noch einmal durchspielen und zu einem positiven Ergebnis führen.
- Neue Situationen lassen sich im Vorfeld durchleben und positiv vorbereiten.
- Mit Ruhebildern lässt sich die Psyche regulieren.
- Das Abrufen von vergangenen Erfolgsbildern dient der Motivation.

Das erreichen Sie durch Visualisierung:

- Verbesserung der physischen und kognitiven Leistungen
- Steigerung des Reaktionsvermögens in schwierigen Situationen

- Souveränes Meistern kniffliger Situationen.
- Wiederherstellung des emotionalen Gleichgewichts nach Scheitern

Langfristige Folgen des Visualisierungstrainings:

- Visualisierungstraining verleiht innere Sicherheit, Sicherheit im Auftreten, Selbstbewusstsein und Selbstvertrauen.
- Visualisierungstraining steigert Ihr Denkvermögen und Ihre Kreativität.
- Sie können Sie mithilfe Ihrer inneren Bilder erfolgreich Ihre Nervosität und Ängste z. B. vor Präsentationen reduzieren und Ihren Stress minimieren.

Wer nicht glauben mag, dass eine reine Vorstellung sich körperlich auswirken kann, dem sei dieser Test empfohlen:

Der Zitronentest

Stellen Sie sich vor, Sie halten eine saftige, gelbe, reife Zitrone in den Händen. Spüren Sie die Oberfläche der Zitrone. Wie riecht sie? Sie können durch die Schale hindurch schon das Säuerliche riechen. Nun schneiden Sie in Ihrer Vorstellung die Zitrone mit einem scharfen Messer in zwei Hälften. Der Zitronensaft läuft heraus. Sie führen die Zitrone langsam an den Mund. Sie öffnen den Mund und beißen herzhaft in die Zitrone.

Was hat sich in Ihrem Mund verändert? Fließt mehr Speichel? Haben sich Ihre Mundwinkel verzogen?

Dieses kleine Experiment zeigt Ihnen zweierlei:

1. Ihre Gedanken, inneren Bilder und Fantasien sind Kräfte, die Ihren Körper veranlassen zu reagieren. Ihr Körper und

Ihre Gesichtsmuskulatur haben so reagiert, als hätten Sie tatsächlich in eine Zitrone gebissen. Sie haben sich so gefühlt, als hätten Sie das getan, was Sie sich in Wahrheit nur eingebildet haben. Jeder Gedanke, jede Vorstellung – ob positiv oder negativ – hat einen Einfluss auf Ihr seelisches und körperliches Befinden.

2. Ihr Gehirn kann nicht unterscheiden, ob Sie etwas tatsächlich erleben oder ob Sie sich nur einbilden, etwas zu erleben. Obwohl Sie selbst ganz genau wissen, dass Sie sich das Ganze nur eingebildet haben, war für Ihr Gehirn Ihre Einbildung Realität. Daran können Sie erkennen: Unser Gehirn ist ein guter und zuverlässiger Diener, aber ein schlechter Herr.

Ihr Gehirn verrichtet stumpfsinnig seine Arbeit wie ein Computer. Es kümmert sich nicht darum, ob etwas Realität oder Einbildung ist. Es verarbeitet jede Information so, als sei sie real. In der Computersprache sagt man: „Garbage in, garbage out." Mit anderen Worten: Wenn Sie Müll reingeben, kann nichts Sinnvolles dabei herauskommen.

Welche Bedeutung haben diese Erkenntnisse für Ihren Alltag?

- Achten Sie auf Ihre Gedanken und Vorstellungen. Da Ihr Gehirn sich nicht darum kümmert, ob etwas Realität oder Einbildung ist, müssen Sie diese Aufgabe übernehmen.
- Prüfen Sie, ob Ihre Gedanken und Vorstellungen der Realität entsprechen. Entweder Sie kontrollieren Ihre Gedanken und Vorstellungen, oder diese kontrollieren Sie.

- Experimentieren Sie mit Ihrer Vorstellungskraft! Sie werden sehen: Schon bald gelingt es Ihnen, schnell und einfach bekannte wie konstruierte Bilder vor Ihrem geistigen Auge entstehen zu lassen.

Die Macht der geistigen Bilder ist nicht zu unterschätzen: Die Extremsportlerin Anne-Marie Flammersfeld, eine der schnellsten Frauen der Welt, bereitete sich auf ihr „4 Deserts Race", bei dem es gilt, die heißeste, windigste, kälteste und trockenste Wüste zu durchqueren, u. a. mit einer Fülle von Bildern vor. Sie visualisierte verschiedene Situationen, die während des Wettkampfs passieren können. „Zur Bekämpfung der Hitze habe ich mir Bilder vom Schneesturm vorgestellt und ihn mit allen Sinnen durchlebt. Diese Bilder habe ich abgespeichert in einer großen Kommode mit vielen Schubladen, also gab es fortan eine Schneesturm-Schublade." Als ihr während des 250-Kilometer-Laufs durch die Sahara zu heiß wurde, stellte sich Flammersfeld einfach einen Schneesturm vor, um sich abzukühlen. „Ich fühlte den Schnee auf meiner Haut, schmeckte ihn auf der Zunge, hörte ihn in meinen Ohren brausen, sah die Flocken vor mir." Mit Erfolg: Sie gewann 2012 als erste deutsche Frau den Ultralauf.

Übung: Visualisierung unter besten Rahmenbedingungen

- *Zum Visualisieren ziehen Sie sich am besten an einen bequemen und ruhigen (Lieblings-)Ort, z. B. einen gemütlichen Sessel in einer ruhigen Ecke o. Ä., zurück – ein Ort ohne jegliche Ablenkung und Störungen.*
- *Entspannen Sie sich, konzentrieren Sie sich auf eine tiefe Bauchatmung. Lassen Sie negative Gedanken los.*

- *Malen Sie sich jetzt die anstehende Situation so anschaulich wie möglich aus: Stellen Sie sich den Raum oder die Umgebung vor, die Lichtverhältnisse, den Geräuschpegel, Ihre Position (sitzend oder stehend), die Menschen um Sie herum. Nutzen Sie dafür alle Sinne.*

Geschlossene Augen erleichtern das Visualisieren, weil Sie nicht von Eindrücken Ihrer Umwelt abgelenkt werden. Die Innenschau fällt so leichter.

!

Üben Sie ohne Druck

Sollten Sie anfangs Schwierigkeiten haben, innere Bilder zu sehen, machen Sie sich keine weiteren Gedanken. Viele Menschen „fühlen", „spüren" oder „denken" ihre inneren Bilder.
Wichtig ist, die Visualisierung regelmäßig zu wiederholen und zu üben. Ich lasse meine Klienten die Bilder zusätzlich aufschreiben. Mit der Zeit fällt es ihnen immer leichter, innere Bilder zu sehen.

Visualisieren mit VAKOG

Stellen Sie sich eine Fläche vor, auf die Sie Ihre Bilder projizieren. Das kann eine Leinwand, ein Bildschirm oder einfach eine weiße Wand sein. Ihre Vorstellungen sollten besonders anschaulich sein. Füllen Sie Ihre Projektionsfläche mit Farben, Berührungen, Tönen, Gerüchen, Gefühlen und sogar Musik. Nutzen Sie alle fünf Sinne, kurz VAKOG, genannt:

V – wie visuell: das Sehen (Farben, Details)

A – wie auditiv: das Hören von Geräuschen, Stimmen

K – wie kinästhetisch: das Fühlen, Tasten

O – wie olfaktorisch: das Riechen (z. B. Schweiß)

G – wie gustatorisch: das Schmecken

Visualisieren Sie so detailreich wie möglich. Zum Beispiel, wenn Sie eine Präsentation vorbereiten: Stellen Sie sich alles vor – von den möglichen Schweißperlen auf der Stirn über die Gesichter der Anwesenden bis zum leisen Rauschen des Beamers usw. Beziehen Sie Gefühle mit in die vorgestellte Situation ein.

Erfolgsvisualisierung

Stellen Sie sich vorab, in entspanntem Zustand, vor, was Sie erreichen wollen. Visualisieren Sie Ihre beruflichen Ziele. Erleben Sie z. B. das bevorstehende Verkaufsgespräch – mit Bedarfsanalyse, Nutzenargumentation, Einwandbehandlung, Preisverhandlung, Zahlungsmodalitäten, Abschlussfrage, Unterschrift, Händeschütteln und Verabschiedung – oder die anstehende Präsentation als grandios verlaufend, so lebendig und emotional wie möglich, Szene für Szene, Einstellung für Einstellung. Spüren Sie körperlich und mental, wie gut sich diese Situation anfühlt.

Drehen Sie die inneren Filme nicht erst auf dem Weg zum Kunden oder Konferenzraum, in dem Sie gleich präsentieren werden, sondern schon Tage vorher.

Übung: Visualisieren eines Erfolgserlebnisses aus der Vergangenheit

Entspannen Sie sich und atmen Sie tief in den Bauch. Werden Sie ruhig. Vergegenwärtigen Sie sich eines Ihrer größten Erfolgserlebnisse bzw. eine tolle Leistung und spüren Sie die dabei auftretenden körperlichen Empfindungen und Gefühle.

- *Wie haben Sie sich gefühlt?*
- *Wie haben Sie sich bewegt?*
- *Welche Eigenschaften kamen dabei zum Vorschein?*
- *Wie haben Sie sich in der Situation/im Gespräch verhalten?*

Sehen Sie Ihr Verhalten wie bei einem Videofilm vor sich und schlüpfen Sie in diesen Körper. Sie sehen sich jetzt selbst nicht mehr und erleben plötzlich alles so, als sei es gegenwärtig. Prägen Sie sich das Bild gut ein und spüren Sie mit allen Fasern Ihres Körpers die Gefühle in der erfolgreichen Situation, die Kompetenzen und den Wert Ihrer Person. Gehen Sie Ihren Erfolg nochmals durch.

Mit jedem Einatmen tanken Sie auf mit jener Kraft und Energie, die Sie aus diesem Erfolgserlebnis ziehen. Nehmen Sie die Gefühle mit in die nächste herausfordernde Situation wie zum Beispiel eine Rede. Mit diesem Körpergefühl gehen Sie gelassen auf gefürchtete Situationen im Unternehmen oder Personen zu.

Öffnen Sie Ihre Augen und beenden Sie die Visualisierung.

Visualisiert werden kann letztlich alles. Möglicherweise ist Ihr Kunde beim Termin schlecht gelaunt oder er verschiebt ihn kurzerhand oder Ihre Prüfung findet mit unerwartet vielen Beisitzern statt. Wie Sie dann gelassen bleiben, auch das können Sie vorab durchdenken. Es geht stets darum, mit der Kraft Ihrer Vorstellung Situationen optimal zu meistern und die beste Leistung abrufen zu können.

Übung: Ihr Blockbuster im Kopfkino

Sie sitzen oder liegen entspannt an einem Ort – ungestört und mit geschlossenen Augen. In dem Film, der in Ihrem „Kopfkino" läuft, in Farbe und mit Ton, sind Sie der Hauptdarsteller. Sie sehen sich, wie Sie z. B. die anstehende Präsentation perfekt durchführen, eine schwierige Verhandlung zu einem guten Abschluss bringen, eine Prüfung erfolgreich meistern oder ein herausforderndes Gespräch souverän führen. Erinnern Sie sich an frühere Erfolge und bauen Sie Teile daraus in Ihren Erfolgsfilm ein.

Sie halten eine Rede? Dann füllt Ihre Stimme den Raum, mit sonorem Klang und weisen Worten. Die Zuhörer lauschen Ihnen gebannt, sie werden begeistert gefeiert und ernten „Standing Ovations" am Ende Ihrer Rede. Sie hören, was Sie sagen oder was andere zu Ihnen sagen (Ihnen gratulieren, sich bedanken etc.). Sie nehmen wahr, was Sie denken und wie Sie sich fühlen.

Sie allein entscheiden, welche Fähigkeiten Sie in diesem Film einsetzen, aus welchen Ressourcen Sie schöpfen. Nehmen Sie sich die Zeit, die Sie brauchen, um Ihren Film so zu gestalten, dass Sie ganz zufrieden sind. Genießen Sie Ihren Erfolgsfilm! Natürlich hat er ein Happy End – Sie erreichen, was Sie wollen, und fühlen sich großartig beim Betrachten der letzten Szenen.

Dann kehren Sie ins Hier und Jetzt zurück.

Visualisierung zur Stressregulation

Das Abrufen bestimmter innerer Bilder kann uns beruhigen und in Situationen großer Anspannung oder Aufregung helfen, in einen ruhigeren Zustand zu gelangen. Wir alle kennen Tage, an denen längere Pausen nicht möglich sind, wir unseren Arbeitsplatz nicht verlassen können oder von einem Termin zum nächsten jagen. Dann kann folgende Visualisierung für einen Moment der Ruhe sorgen:

Übung: Ruhebild

Nehmen Sie als Erstes etwa 5 bis 15 tiefe Atemzüge.

Gehen Sie in Ihrer Fantasie an einen Ort, an dem Sie sich rundum wohlfühlen. Das kann der Lieblingsplatz aus der Kindheit hoch oben im Baum sein, der Gipfel eines Berges, den man einmal voller Stolz erklommen hat, eine Lichtung im Wald, ein Strand, an den man schöne Erinnerungen hat, ein schöner Garten, ein Park, ein Raum, eine wunderschöne Landschaft oder eine erfundene Umgebung.

Die Visualisierung eines schönen Ortes kann wohlige Entspannung bewirken und Ihre Nerven beruhigen. Im Idealfall durchströmt Sie ein Gefühl der Stärke und Zuversicht, das wiederum hilft, Entscheidungen zu treffen und in einer neuen Richtung aktiv zu werden. Sportler „holen" sich mit dem Ruhebild blitzschnell in hektischen Situationen auf ein niedrigeres Erregungsniveau „herunter".

Kommen Unruhe oder Stress auf, können Sie Ihr Ruhebild „einschalten". In der Praxis sieht das wie folgt aus:

Übung: Ruhebild „einschalten"

Sie rufen Ihr Ruhebild ab, indem Sie z. B. tief durchatmen, ein Codewort/Schlüsselwort (z. B. „Ruhe") sagen und sich mental an Ihren Ort der Ruhe versetzen. Es werden alle Sinne (Sehen, Hören, Körperempfindungen, Geruch, Geschmack) in die Ruhevorstellung miteinbezogen.

Umgang mit negativen Gedanken

Kämpfen Sie nicht gegen negative Gedanken an, sondern nutzen Sie auch hier eine der folgenden Visualisierungstechniken:

- Stellen Sie sich einen Bahnhof vor. Ein Zug fährt ein. Sie setzen die negativen, einschränkenden Gedanken in die verschiedenen Abteile des Zuges. Der Zug verlässt den Bahnhof wieder und wenn die Rücklichter im nächsten Tunnel verschwinden oder in der Ferne, dann sind die negativen Gedanken weg.

- Sie impfen Wolken am Himmel mit Ihren negativen Gedanken. Diese ziehen dann weg und nehmen die negativen Gedanken mit.
- Sie können negative Gedanken auch in Ihrer Vorstellung auf Blätter und die Blätter aufs Wasser eines Flusses legen. Das Wasser nimmt dann die Blätter mit.

Statt Gedanken zu bekämpfen, arbeiten Sie mit inneren Bildern, um sich dann wieder auf das Positive konzentrieren zu können.

Auf den Punkt gebracht

Die geistige Vorstellungskraft zu nutzen, ist ein zentraler Bestandteil von Mentaltraining. Die bildhafte Vorstellung beeinflusst unser Unterbewusstsein, aktiviert Erlebnisnetzwerke im Gehirn und arbeitet nach dem Prinzip der sich selbst erfüllenden Prophezeiung. Jede Vorstellung – ob positiv oder negativ – hat einen Einfluss auf Ihr seelisches und körperliches Befinden.

Ihr Gehirn kann nicht unterscheiden, ob Sie etwas tatsächlich erleben oder ob Sie sich nur einbilden, etwas zu erleben. Deshalb spielen Ihre Gedanken und Vorstellungen eine entscheidende Rolle für Ihren Zustand. Je besser Sie Ihre Vorstellungen kontrollieren können, desto mehr Einfluss haben Sie auf Ihre Steuerzentrale. Und je mehr Sinne in die Vorstellung einbezogen werden, desto effektiver ist die Wirkung.

Die Schatzkiste des Selbstvertrauens

„Wird das Beste in uns angesprochen, antwortet das Beste in uns." (Marcus Buckingham)

Der Glaube an sich selbst als Basis des Erfolgs

Spitzensportler und Trainer zapfen eine mentale Kraftquelle an, auf die auch Sie Zugriff haben: Das Vertrauen in die eigene Leistungsfähigkeit und die eigenen Fähigkeiten sowie den Glauben an die Möglichkeiten und an sich selbst. Würde Sportlern dieser Glaube fehlen, bräuchten sie im Wettkampf gar nicht anzutreten. Er ist u. a. die Basis ihres Erfolgs.

Erfolgreiche Menschen denken nicht, wie viele von uns, zu klein, sondern groß. Sie glauben an sich und daran, dass sie das Zeug dazu haben, große Ziele zu erreichen. Selbstvertrauen, so wusste es schon Ralph Waldo Emerson, ist das erste Geheimnis des Erfolgs.

Alles beginnt damit, dass Sie daran glauben, dass Sie etwas erreichen können. Marc Aurel lenkte den Blick aufs Wesentliche: „Denke nicht so oft an das, was dir fehlt, sondern an das, was du hast." Erfolgreiche Spitzensportler glauben an sich, auch wenn die Konkurrenz stark ist, die Wettkampfbedingungen schwierig und die letzte Niederlage noch nicht lange her. Dieses Selbstvertrauen schöpfen sie u. a. aus vergangenen sportlichen Erfolgen – und aus dem Bewusstsein, herausfordernde Situationen bereits im Training oder anderen Wettkämpfen erfolgreich gemeistert zu haben.

Jeder Erfolg trägt zur Stärkung des Selbstvertrauens bei. Bundestrainer Andreas Bauer stellt für Skispringerin Carina Vogt, Olympiasiegerin und Weltmeisterin, fest: „Carina nimmt seit Sotschi eine wesentlich größere Körpervorlage ein und ihre ohnehin große mentale Stärke ist gewachsen." Erfolg lässt uns wachsen – und die Erinnerung daran stärkt uns fortwährend.

Der dreimalige Wimbledonsieger Boris Becker zeichnete sich nicht nur während seiner aktiven Spielerlaufbahn durch ein ausgeprägtes Selbstbewusstsein aus. Auch als Trainer ist er heute voller Selbstvertrauen: „Ich glaube, ich könnte jedem Spieler der Welt helfen, wenn er offen dafür ist."

Fußball-Bundestrainer Joachim Löw setzte bei der WM 2014 beim Finale in Rio de Janeiro auf die Stärkung des Selbstvertrauens seiner Spieler. Bevor er Mario Götze in der 88. Minute einwechselte, gab er dem jungen Mittelfeldspieler einen Satz mit auf dem Weg: „Jetzt zeig der Welt, dass du besser bist als Messi." Götze war es, der mit seinem Treffer in der 113. Minute das Spiel entschied und Deutschland zum fünften Weltmeistertitel schoss. Löws Worte haben den damals erst 22-Jährigen motiviert. Und es war Götzes Vertrauen in die eigenen Fähigkeiten und in die Möglichkeit, das Spiel aus eigener Kraft zu drehen, das ihn zum Helden von Rio machte.

Auch abseits des Rasens ist es förderlich, sich auf die eigenen Stärken und Talente zu besinnen, statt nach Fehlern und Defiziten zu suchen. Das bedeutet vor allem, an sich selbst zu glauben. Denn wenn ich nicht an mich selbst glaube – warum sollte jemand anderes es tun?

Selbstannahme, Selbstliebe, Wertschätzung für sich selbst und andere sowie Akzeptanz der eigenen Person sind Grundvoraussetzungen für eine gute Selbstführung. Je genauer Sie Ihre Stärken, Fähigkeiten, Talente und Schwächen kennen, je realistischer Sie in Ihrer Selbsteinschätzung sind, desto besser gelingt Ihnen Ihr Selbstmanagement. Umso schneller erkennen Sie, wann Sie sich selbst sabotieren, und können entsprechend gegensteuern. Das verleiht Ihnen Souveränität, Gelassenheit und Stabilität. Sie werden mutiger, selbstbewusster und innovativer. Ihr Engagement und Ihre Effektivität steigen.

Wohlgemerkt: Selbstachtung, Selbstliebe und Selbstwert haben nichts mit Narzissmus oder Arroganz zu tun. Sie sind vielmehr das Fundament, auf das sich sogar Wolkenkratzer bauen lassen. Je wackliger jedoch das Fundament, desto einsturzgefährdeter ist jedes Bauvorhaben. Glauben Sie mir: Es gibt kein Zuviel an Selbstvertrauen und Selbstbewusstsein. Die meisten Menschen, die ich begleite, haben eher wenig Selbstvertrauen.

Was ich nicht damit sagen möchte, ist, dass Sie jetzt nie mehr auf Ihre Schwächen schauen sollten. Betrachten Sie Ihre Schwächen im Bewusstsein all Ihrer Stärken dann, wenn

Sie auf Ihrem stabilen Fundament stehen. Aus meiner Erfahrung relativieren sich dann viele Schwächen.

! Ebenso wichtig wie das Vertrauen in die eigenen Fähigkeiten ist Eigenlob. Ermunternde Selbstgespräche sind ebenso erlaubt wie sich auf die eigene Schulter zu klopfen. Vielleicht finden Sie das am Anfang etwas befremdlich. Dann führen Sie sich vor Augen, wie hart Sie manchmal mit sich selbst umgehen. Vermutlich unbarmherziger, als es Freunde oder Vorgesetzte je mit Ihnen tun würden. Statt dauernder Selbstkritik und das Augenmerk auf die eigenen Unzulänglichkeiten zu richten, sagen Sie sich ruhig hin und wieder: „Das habe ich wirklich gut hinbekommen!"

Viele Menschen neigen dazu, sich nur auf Schwächen, Fehler und Defizite zu konzentrieren. Das kostet viel Kraft und Energie und führt zur Selbstabwertung. Die wiederum schwächt und ist alles andere als zielführend. Wenn Sie sich hingegen Ihrer vorhandenen Stärken, Talente und Fähigkeiten bewusst werden, können Sie Ihre Ressourcen effektiv für Ihre Ziele, „Hindernisse" auf dem Weg zum Ziel und Herausforderungen nutzen.

Ressourcen

können Erfahrungen, besondere Begabungen, Erinnerungen, erworbenes Wissen, Fertigkeiten, Talente, positive Eigenschaften, individuelle Fähigkeiten und Bilder sein, die Ihnen z. B. beim Lösen eines Problems oder in einer herausfordernden Situation zur Verfügung stehen.

Ein Beispiel dazu aus meiner Coaching-Praxis:

Fokussierung auf Gutes oder Schlechtes?

Eine Führungskraft im Dienst einer Tochterfirma einer großen deutschen Airline berichtet, dass sie aufgrund von Unternehmensrichtlinien gezwungen war, einen Mitarbeiter, der 25 Jahre lang mit großem Einsatz fehlerfrei fürs Unternehmen tätig war, abzumahnen.

Der Grund: Der Mitarbeiter hatte eine Dichtung an einem Flugzeug falsch ausgewechselt. Der Führungskraft tat dies nach eigener Aussage sehr leid, denn es schien ihr nicht angemessen, mit der Abmahnung all das in den Hintergrund zu rücken, von dem das Unternehmen zuvor profitiert hatte. Keine Frage, es gibt Fehler, die so folgenschwer sind, dass sie einer Ahndung bedürfen. Doch bringt es uns weiter, wenn wir uns nur darauf fokussieren?

Die Führungskräfte dieses Unternehmens hatten vor meinem Coaching ein Gespräch mit ihren Vorgesetzten zu verschiedenen Projekten. Eine Führungskraft erzählte mir dazu: „Wir haben festgestellt, dass wir in vier Projekten einen wirklich sehr guten Job gemacht hatten und es in einem Projekt nicht so gut läuft. Auf diesem Projekt wurde im Gespräch herumgeritten und die anderen vier Projekte gingen unter. Das frustriert mega!"

Selbstverständlich muss man Missstände analysieren und nach Verbesserungsmöglichkeiten suchen. Aber rechtfertigt dies, alles andere außer Acht zu lassen? Die Motivation sinkt auf jeden Fall. Dieses Vorgehen ist leider oft zu beobachten. Die Erfahrung zeigt: Wenn ich einer Gruppe von Teilnehmern ein Flipchart mit sechs einfachen Rechnungen zeige (12 + 7 = 19, 4 + 3 = 7 etc. und 15 – 6 = 8) und die Teilnehmer dann frage, was ihnen auffällt – welche Antworten kommen dann? Fast immer: „Da ist eine Rechnung falsch." Fast niemand sagt: „Da sind fünf Rechnungen richtig." Das Benennen von Defiziten kommt bei den meisten von uns an erster Stelle.

Doch: Auf Ihre Stärken können Sie sich verlassen. Und diese Fähigkeiten – seien es Flexibilität, Mut, Disziplin, Kreativität, Entschlossenheit, Willensstärke, Begeisterungsfähigkeit, Intuition oder Ausdauer – sind es, die Sie benötigen, wenn Höchstleistungen gefragt sind. Machen Sie sich Ihre Stärken zunutze. Wenn Sie sich bewusst sind, über welchen Schatz an Ressourcen Sie bereits verfügen, werden Sie Herausforderungen optimistischer entgegenblicken.

Übung: Ressourcenbaum

Beschäftigen Sie sich mit Ihren Stärken: Welche Fähigkeiten, Talente, Gaben, Kompetenzen, Ressourcen, welche tollen Anlagen und Eigenschaften haben Sie? Schreiben Sie mindestens 15 Stärken auf. Dazu zählt auch:

- *Was haben Sie schon alles erreicht?*
- *Welche eigenen Erfolge konnten Sie schon feiern?*
- *Welche Charaktereigenschaften und Stärken schätzen andere an Ihnen besonders?*
- *Was ist Ihnen gut gelungen?*
- *Welche schwierigen Situationen haben Sie mithilfe welcher Stärken gemeistert?*

Finden Sie Symbole oder Bilder für Ihre Stärken und hängen Sie diese z. B. an die Wand in Form eines Baumes mit einzelnen Blättern für jede Stärke oder Fähigkeit.

Wichtig: Begnügen Sie sich nicht damit, irgendwelche allgemeinen Stärken auswendig zu lernen, sondern schreiben Sie Ihre eigene Definition dazu. Nur so wird klar, was Sie meinen, wenn Sie sich z. B. als „kreativ" beschreiben. Außerdem fallen Ihnen vielleicht noch andere Begriffe ein, die weitere Stärken belegen.

Analysieren Sie Ihre Stärken

Wenn Sie sich Ihre Stärken notiert haben, können Sie sie in einem weiteren Schritt skalieren:

- Zu wie viel Prozent leben Sie Ihre Stärke X?
- Was ist Ihr Wunschwert?

Auf der Grundlage Ihrer Skalierung lassen sich Strategien für die Zukunft erarbeiten.

Bei hoher Bewertung können Sie sich fragen:

- Wodurch wurde der hohe Wert dieser Stärke bewirkt?
- Was werden Sie künftig tun, damit der Wert auf dieser Höhe bleibt oder sogar noch steigt?

Es gilt, unsere Stärken zu erhalten und weiter auszubauen.

Bei niedriger Bewertung können Sie sich fragen:

- Was wäre für Sie eine Verbesserung, also ein Wert auf der Skala, von dem Sie sagen: „Dieser Wert ist in Ordnung so"?
- Was genau müsste geschehen, damit Sie diesen Wert erreichen?
- Was werden Sie künftig tun, damit Sie sich Ihrem Wunschwert annähern?

Jetzt können Sie sich fragen, ob Sie Ihre Stärken zurzeit auch effektiv einsetzen können:

- Wie können Sie Ihre Stärken im Alltag und Beruf konkret umsetzen?
- Geht das in Ihrem aktuellen Umfeld?
- Wie müssten Sie Ihr Umfeld (privat, Arbeit, Sport usw.) gestalten, damit Sie Ihre Stärken umsetzen können? Lässt sich das Umfeld evtl. anpassen?

Die schriftliche Dokumentation dieser Arbeit unterstützt Ihren Entwicklungsprozess nachhaltig. Eine abschließende Vereinbarung über das, was Sie ändern können und was Sie tun werden, können Sie mit sich selbst oder einem möglicherweise vorhandenen Mentor, Förderer oder Herausforderer treffen.

> Geringes Selbstvertrauen untergräbt die Leistungsfähigkeit und schränkt den Handlungsspielraum ein. Fußballer spielen dann z. B. ohne Risikobereitschaft. Mangelnde Erfolge führen zu Hoffnungslosigkeit, Resignation und Pessimismus. Die Motivation sinkt, die Nervosität vor Herausforderungen steigt. Diese Unsicherheit mündet in körperlichem Unwohlsein und Verspannungen.

!

Golfprofi Luke Donald hat aus seiner Sinnkrise (→ Die Zielsetzung) eine wichtige Erkenntnis geschöpft: Wenn wir dankbar sind für das, was wir haben, dürfen und können, dann wird uns bewusst, wie viele Gründe es gibt, zufrieden zu sein und zuversichtlich in die Zukunft zu schauen.

Doch genauso wie bei der weitverbreiteten Fehlerfokussierung und Schwächenorientierung neigen wir leider auch oft dazu, nur das zu sehen, was uns fehlt oder was knapp ist. Dieses Denken und diese eingeschränkte Sichtweise schenken uns keine Kraft, sondern setzen negative Gefühle frei.

Wertschätzung und Anerkennung als Gesundheitsschutz

Nach aktuellen Ergebnissen der Hirnforschung sind zwischenmenschliche Beachtung, soziale Beziehungen und Akzeptanz die wichtigste neurobiologische Glücksressource und ein entscheidender Faktor des Gesundheitsschutzes. Zahlreiche Studien der letzten Jahre haben gezeigt, dass das Motivationssystem unseres Gehirns vor allem dann anspringt, wenn uns andere Menschen uns Wertschätzung, Anerkennung, Sympathie oder gar Liebe entgegenbringen.

Wertschätzung ist keine Einbahnstraße. Stellen Sie sich folgende Frage: „Wie möchtest du gerne, dass andere mit dir umgehen?". Die häufigsten Antworten in meinen Workshops sind: wertschätzend, Blickkontakt, einfühlsam, gehört werden, Offenheit, Ehrlichkeit, ernst genommen werden, unvoreingenommen, zuhören, mit Respekt, freundlich, ohne Druck und Zwang, Freiheit, Selbstbestimmung, nicht arrogant, humorvoll, „angemessene" Sprache auch in Konflikten, innerlich auf gleicher Augenhöhe, achtsam, aufmerksam, herzlich, höflich, verständnisvoll, direkt, tolerant, akzeptiert werden, menschlich, differenziert wahrgenommen.

Wertschätzung ist die Haltung „Schön, dass es dich gibt", „Ich achte dich" – diesen Satz spreche ich innerlich vor einer ernsthaften Auseinandersetzung mit jemandem – oder „Du bist okay, ich bin okay" (Transaktionsanalyse).

Sind Sie häufig zu hart zu sich selbst? Lernen Sie, sich selbst wertzuschätzen, denn Wertschätzung beginnt bei Ihnen selbst. Lernen Sie, Ihre eigenen Erfolge anzuerkennen.

Übung: Erfolgstagebuch führen

Nehmen Sie sich ein Heft, ein leeres Tagebuch, einen schönen Schreibblock und denken Sie über Ihre Erfolge in den letzten Wochen nach. Schreiben Sie künftig, am besten täglich oder mindestens einmal wöchentlich, die kleinen und großen Erfolgserlebnisse im Berufs- und Privatleben auf, damit keiner Ihrer Erfolge verloren geht bzw. in Vergessenheit gerät.

- *Was haben Sie gut gemacht, was ist Ihnen gut gelungen, wofür können Sie sich auf die Schulter klopfen, was war ein Schritt nach vorn?*
- *Was hat Ihnen Spaß gemacht?*
- *Was haben Sie dazugelernt? Welche Probleme haben Sie gelöst?*

- *Worauf können Sie stolz sein?*
- *Wann ist es Ihnen gelungen, sich einmal deutlich abzugrenzen?*

Apropos Erfolge: Legen Sie die Messlatte nicht zu hoch.

Übung: Das Erfolgsspalier

Bilden Sie mit allen Teammitgliedern oder Mitarbeitern einer Abteilung ein Spalier. Der erste Mitarbeiter stellt seine Ziele des vergangenen Jahres vor und berichtet von seinen erreichten Erfolgen. Dann geht sie/er durch das Spalier. Während sie/er durchs Spalier läuft, applaudieren die anderen und zollen ihr/ihm jeder auf seine Art Lob und Anerkennung für ihren/seinen Beitrag zum (gemeinsamen) Erfolg.

Das kann auf verschiedenste Weise geschehen: z.B. mit Worten, einer Umarmung, Schulterklopfen oder gar mit einer Geschenkübergabe. Ich erlebe bei dieser Würdigung der Erfolge immer wieder, wie Mitarbeiter mit Tränen in den Augen das Spalier nach dem Durchschreiten verlassen. Es berührt sie, mit ihren Erfolgen und Beiträgen zum Unternehmenserfolg endlich gesehen zu werden.

Wie bereits erklärt, sehnen wir Menschen uns nach Anerkennung und Zugehörigkeit. Unser Gehirn speichert die positiven Gefühle, die eine solche „Beifallsdusche" in uns auslöst, ab. Das motiviert und stärkt unser Selbstwertgefühl. In Zeiten, in denen es nicht gut gelaufen ist, hilft die Erinnerung an solche Momente, um sich aus dem Stimmungstief wieder herauszuholen.

Wertschätzung und Anerkennung (oder auch: Ansehen, Belobigung, Lob, Bestätigung) stärken unseren Selbstwert, doch kaum jemand hat das Gefühl, genug oder gar zu viel gelobt zu werden. Können Sie sich an eine große oder die größte Anerkennung in Ihrem bisherigen Leben erinnern? Wie hat diese auf Sie gewirkt? Lob beflügelt, lässt einen über sich hinauswachsen.

Reflektieren Sie Ihr eigenes Anerkennungsverhalten gegenüber Ihren Mitmenschen und Mitarbeitern:

- Geben Sie genug Anerkennung?
- Wo fällt es Ihnen leicht, Anerkennung zu geben und wo nicht?
- Was schätzen Sie an Ihren Freunden, Mitarbeitern und Kunden?

Auf den Punkt gebracht

Das Vertrauen in die eigene Leistungsfähigkeit sowie der Glaube an die eigenen Fähigkeiten und an sich selbst bereiten den Boden, auf dem Erfolge wachsen.

Zu einer guten Selbstführung gehören:

- Selbstannahme, -akzeptanz, Selbstliebe
- Wertschätzung für die eigene Person und andere

Werden Sie sich Ihrer vorhandenen Stärken, Talente und Fähigkeiten bewusst. Wenn Sie diese ausschöpfen, helfen sie Ihnen, Herausforderungen zu meistern und Ziele zu erreichen.

Analysieren Sie Ihre Stärken und bauen Sie sie aus.

Dokumentieren Sie Ihre Erfolge.

Die Rolle des Umfelds

Nicht nur Mannschaften, auch erfolgreiche Einzelsportler gelangen nur dadurch an die Spitze, weil sie ein Team an Unterstützern im Hintergrund haben. Das fängt bei Vereinskameraden und Trainern an, setzt sich fort mit Physiotherapeuten und Ärzten bis hin zu Mentoren, Freunden und Familie. All diese Menschen haben Einfluss auf den Athleten.

Im Idealfall geben sie ihm Kraft und Zuversicht, motivieren ihn und halten ihm den Rücken frei von allem, was hinderlich auf dem Weg zum Ziel ist. Die Rolle des Umfelds ist für die Performance eines Sportlers nicht zu unterschätzen. Niemand wird erfolgreich ohne ein unterstützendes Netzwerk. Auch die deutsche Fußball-Nationalelf wäre nicht Weltmeister geworden ohne ihr Team aus Physiotherapeuten, Ärzten, Athletiktrainern, Beratern bis hin zu den Lebenspartnern im Hintergrund. Die Wertschätzung der Nationalkicker für ihr Team in der zweiten Reihe wurde deutlich, als sie bei ihrer Siegesfeier in Berlin etliche Unterstützer auf die Bühne holten und mit ihnen den Applaus der Massen teilten.

Unser Umfeld formt uns

Der Einfluss unseres Umfelds ist erheblich: Es wirkt sich enorm aus, ob die Menschen, die uns umgeben, zu unserer Entlastung oder Belastung beitragen. Negative Haltungen und Denkweisen, kontraproduktives Handeln, destruktive Kommunikation oder problematische Verhaltensweisen dieser Menschen können uns schwächen. Denn wir neigen dazu, unsere Denkweise der unseres Umfelds anzupassen.

Das wirkt sich auch auf unser Verhalten aus. Hat man z.B. lauter Freunde, die rauchen, ist die Gefahr groß, dass man selbst damit anfängt, um dem Bedürfnis nach Zugehörigkeit nachzukommen. Gilt es, viele Widrigkeiten im direkten Umfeld zu bewältigen, bindet das Energie, Aufmerksamkeit und Zeit. Das alles fehlt uns dann für unser eigenes Vorankommen.

Auch im Spitzensport ist das Umfeld nicht immer nur förderlich. Vor dem Beginn der Olympischen Spiele in Rio de Janeiro beklagten etliche Athleten den Druck des Deutschen Olympischen Sportbunds (DOSB), der proklamiert hatte, mindestens 44 Medaillen von den Teilnehmern zu erwarten. Der ehemalige Reck-Weltmeister Fabian Hambüchen sagte dazu: „Ich hasse die Medaillenzählerei, jeder von uns reißt sich den Arsch auf und gibt sein Bestes." Die Siebenkämpferin Claudia Rath setzte die Erwartungshaltung in eine kritische Relation: „Eine Medaille heißt: Drittbester der Welt. Und die Welt ist riesengroß. Warum ist ein zehnter Platz nicht auch Wahnsinn?"

Unsere Umwelt formt uns – ob wir wollen oder nicht. Die Haltungen, Erwartungen, Ansprüche, Forderungen und Rückmeldungen jener Menschen, die uns umgeben, wirken sich auf unser Denken, Fühlen, Handeln und Verhalten aus.

!

Beziehungen als Stabilisierungsfaktor

In meiner Coachingpraxis fällt mir immer wieder auf, wie viel Bindung Spitzensportler zu ihrem privaten Umfeld haben, obwohl sie aufgrund des Sports viel unterwegs sind. Oft fahren sie zwischen den Wettkämpfen nach Hause, um bei Partner, Familie und Freunden zur Ruhe zu kommen, Kraft zu schöpfen, abzuschalten. Im Businessleben ist das oft anders – aus Zeitmangel wird das private Umfeld meist vernachlässigt.

Dabei sind Beziehungen ein wichtiger Faktor für unsere psychische Gesunderhaltung und Stressresistenz. Tatsächlich gelten verlässliche Beziehungen als wichtigstes Mittel der Prävention bei Stress und Burn-out. Für Sportler sind Beziehungen, ob zu Teamkollegen oder Menschen außerhalb des Sports, die Basis, auf der der Sinn ihres Tuns wächst.

Als der deutsche Skirennläufer Felix Neureuther bei den Weltmeisterschaften 2017 eine Bronzemedaille im Riesenslalom gewann, bedankte er sich auf dem Podest nicht nur bei seinem Team, sondern widmete die Medaille seiner Lebensgefährtin, der Biathletin Miriam Gössner, die verletzt daheim bleiben musste: „Ich denke natürlich an die Miri daheim, der es nicht gut geht. Die Medaille ist wirklich für sie." Egal, wie schlecht es seiner Freundin gegangen sei, sie habe ihn immer wieder aufgebaut, sagte Neureuther nach dem Sieg. Sie habe sich weder beklagt noch wichtig genommen, deshalb gehöre mindestens die Hälfte der Medaille ihr. Auch wenn Neureuther seiner Freundin während der Wettkampfvorbereitung vermutlich selbst wenig geben konnte, würdigte er mit der öffentlichen Dankbarkeit ihr Engagement für ihn.

Diese Wertschätzung ist für Beziehungspartner genauso wie für andere Unterstützer enorm wichtig.

Ihr Umfeld will gepflegt werden. Jeder von uns braucht soziale Anerkennung. Danke zu sagen, ist eine Form der Anerkennung, die Beziehungen am Leben hält. Würdigen Sie den Einsatz Ihrer Unterstützer mit dankbaren Gesten, z. B. durch eine nette Nachricht, eine kleine persönliche Aufmerksamkeit, das Zeigen echten Interesses am anderen (offene Fragen stellen, präsent sein und aktiv zuhören), durch die Zeit, die Sie sich für den anderen nehmen, die Unterstützung, die Sie dem anderen geben, wenn er sie braucht, oder durch einen Anruf aus der Ferne, wenn Sie länger nicht zu Hause sind.

Um erfolgreich zu sein, benötigen wir ein intaktes Umfeld. Dabei kommt dem privaten Bereich eine entscheidende Rolle zu. Gerät hier etwas in Schieflage, beeinflusst das die eigene Performance. Der ehemalige Radextremsportler Wolfgang Mader sagt: „Das private Umfeld ist der absolute Hauptfaktor für alle meine Erfolge in meinem bisherigen Leben; egal ob sportlich, in der Ausbildung, im Beruf oder sonstwo. Steht die Familie nicht zu 100 % hinter dir, gehst du mit einem derart starken negativen Energie- und Ablenkungsfaktor ins Rennen um den Erfolg, der kaum zu bewältigen ist. Es leidet dann meist entweder das Erreichen des Zieles, oder die Familie oder die Gesundheit. Erfolg ist immer ein ideales Zusammenspiel aller dich begleitenden und damit beeinflussenden Faktoren auf dem Weg zum Erfolg."

Im privaten Umfeld liegt die Quelle für Stabilität und Sicherheit, Ruhe und Verlässlichkeit. Das ist besonders in herausfordernden Situationen, in denen nur ein Teil der Bedingungen Ihrem Einfluss unterliegen, ein Halt gebendes Fixum. Gleichzeitig haben Sie für Ihre Vertrauenspersonen im privaten Umfeld einen Stellenwert, der – anders als beim sportlichen oder beruflichen Umfeld – völlig unabhängig von Ihrer Leistung ist. Gerade in Krisen finden Sie hier Zuspruch und Bestätigung.

Mit dem Dream-Team zum Erfolg

Das positive Umfeld eines Teams hat für viele Sportler eine große Bedeutung. Deutschlands erfolgreichste Biathletin aller Zeiten, Laura Dahlmeier, sagte in Anbetracht von zehn WM-Medaillen in Folge: „Das ist schon gigantisch, aber heute möchte ich hervorheben, dass wir eine richtig tolle Staffel sind. Da macht es Spaß, gemeinsam zu feiern." In einem harmonischen Team lassen sich die eigenen Erfolge genauso genießen wie die der anderen, mehr noch: Sie werden so erst möglich.

Die Bedeutung seines Teams im Hintergrund war auch für Wolfgang Mader in seiner Radrennzeit groß. Das Team fand sich in seiner Zielcollage zur Wettkampfvorbereitung in jeder Phase des Rennens wieder: beim Start, an der Strecke und im Ziel.

Das Umfeld des österreichischen Skirennläufers Marcel Hirscher, der bei der WM 2017 seine dritte Goldmedaille im Einzelwettbewerb gewann, überlässt im Wettkampf nichts dem Zufall. Mit großem Personal- und Materialaufgebot reist Hirscher zum Wettkampfort. Bis ins Detail werden die Abläufe geplant, auf jede Veränderung oder Unwägbarkeit soll flexibel reagiert werden können. Damit treibt der 27-Jährige nicht nur sich selbst, sondern auch sein Umfeld an die Belastungsgrenze. Aber der Erfolg gibt ihm Recht. Auf eine Vertrauensperson muss Hirscher dabei nie verzichten: seinen Vater Ferdinand Hirscher, der stets dabei ist. Und so sagte Hirscher nach dem WM-Sieg im Riesenslalom: „Danke an alle Leute, die für mich einen Megajob machen."

Dream-Team gesucht!

Gibt es hier Schieflagen, hilft es nicht zu jammern, aber nichts zu ändern. Dann gilt es, kritisch zu gucken:

- *Was genau kann ich ändern?*
- *Wo finde ich Förderer und Herausforderer?*
- *Wie kann ich negative Einflüsse reduzieren?*

Auch wenn es wehtut: Manchmal muss man einen Menschen ziehen lassen, wenn er nicht guttut. Oft gehen damit ein schlechtes Gewissen und Schuldgefühle einher. Doch wenn Sie sich verändern möchten, dann gilt es vielleicht auch, Ihr Umfeld zu verändern. Hält man am früheren Umfeld fest, kann es sein, dass man beim Verfolgen gesetzter Ziele scheitert. Schaffen Sie sich ein positives Umfeld!

Nicht immer bequem, aber hilfreich

Unser Umfeld hat gleich mehrere Funktionen für uns: Es kann uns stabilisieren, motivieren, kritisieren und fördern. Fehlt uns hingegen ein unterstützendes Umfeld, kann uns das schwächen, zurückhalten, abhalten oder gar stoppen.

Geeignete Unterstützer im direkten Umfeld zu finden, ist nicht immer leicht.

Hinzu kommt, dass Menschen, die gut für uns sind und uns helfen, unsere Ziele zu erreichen, nicht immer leicht für uns zu ertragen sind. Denn in der Regel sind dies Menschen, die uns fordern und gelegentlich unbequem sind. Menschen, die uns mit unseren Defiziten konfrontieren und uns zwingen, Dinge anzuschauen, die wir selbst nicht sehen können oder möchten. Solche Unterstützer sind herausfordernd, aber für unsere Weiterentwicklung extrem wichtig. Denn im Leben geht es nicht nur darum, wohin wir gehen – sondern auch darum, mit wem wir unterwegs sind.

> **!** Konstruktive Kritik aus dem Umfeld ist sehr wertvoll. Ich hole mir regelmäßig Supervision und Feedback von Kollegen, Klienten, Kunden und Freunden. Manchmal tut diese Kritik sogar so weh, dass ich weine – aber ich bin jedes Mal danach froh, sie bekommen zu haben. Denn sie sorgt für meine Weiterentwicklung. Nur durch diese Feedbackschleifen bin ich zu der geworden, die ich heute bin.

Im Spitzensport bringt das private Umfeld der Athleten oft große Opfer, damit Erfolge möglich werden. Der Verzicht auf gemeinsame Zeit, auf Aufmerksamkeit und Zuwendung erfordert über lange Zeiträume viel Geduld und Verständnis bei Freunden und Familie. Jeder Erfolg hat seinen Preis.

Umso beeindruckender ist es, wenn Spitzensportler auf dem Gipfel ihrer Karriere dieser Opferbereitschaft Rechnung tragen und ihre Ziele nicht länger im sportlichen Wettbewerb, sondern außerhalb davon suchen, um mehr Zeit für Familie und Freunde zu haben. Der ehemalige Formel-1-Pilot Nico Rosberg hat das eindrucksvoll unter Beweis gestellt: In seinem Facebook-Eintrag, mit dem er sein Karriereende im Dezember 2016 begründete, beschreibt er die Situation sehr gut: „Ich fühle eine tiefe Dankbarkeit für alle, die mich auf dem Weg zu diesem Titel unterstützt haben und es somit möglich gemacht haben. (...) Und natürlich hatte dies auch einen Einfluss auf meine Familie, die ich sehr liebe – es war ein riesiger Aufwand für uns. Wir haben auf viele Dinge verzichtet für das eine große Ziel, alles wurde ihm untergeordnet. Ich kann meiner Frau Vivian nicht genug dafür danken. Sie war unglaublich. Sie hat verstanden, dass dieses Jahr unsere große Chance war, endlich zuzuschlagen. Sie hat mir darum alles wegorganisiert und hat mir zwischen den Rennen möglichst viel Raum zur Erholung gegeben. Sie hat z. B. all die Nächte mit unserer kleinen Tochter übernommen. Überall stand die Weltmeisterschaft an erster Stelle in meinem Leben."

Nico Rosberg hat fast sein ganzes Leben seinem Beruf gegeben und alles erreicht, was er erreichen konnte. Er ist klug genug, um zu erkennen, dass er seine Lernkurve und seinen Erfolg nicht mehr in diesem Umfang hätte steigern können, wie das in der Vergangenheit der Fall gewesen ist. Das Leben hält jetzt andere Herausforderungen für ihn bereit, um weiter zu wachsen und ein erfülltes Leben zu leben. Seine Entscheidung verdient meinen größten Respekt.

Unser Umfeld kann uns stärken und Bestleistungen möglich machen. Wichtig ist, sich dieser Leistung, die dazu beiträgt, dass wir selbst Höchstleistungen vollbringen können, bewusst zu sein – und ihr Dankbarkeit und Anerkennung entgegenzubringen.

Auf den Punkt gebracht

Unsere Umwelt beeinflusst unser Denken, Fühlen, Handeln und Verhalten – deshalb hat es eine große Bedeutung für unser Leistungsvermögen und dafür, ob wir unser Ziel erreichen.

Unser Umfeld kann uns stabilisieren, Kraft spenden, fördern und motivieren, aber auch schwächen, kritisieren, hemmen und aufhalten.

Manchmal ist es nötig, für das eigene Vorankommen das Umfeld zu verändern. Um erfolgreich zu sein, benötigen wir ein intaktes, positives Umfeld.

Gute Beziehungen zum eigenen Umfeld zu pflegen, ist die Basis für Stabilität und Wohlbefinden. Ein unterstützendes Umfeld braucht „Beziehungsarbeit". Würdigen Sie den Einsatz Ihrer Unterstützer!

Der Effekt der Entspannung – warum Regeneration wichtig ist

Wie oft haben Sie heute schon auf Ihr Smartphone gesehen? Und wie viele Male auf das Zwitschern der Vögel draußen geachtet? Wie oft kurz innegehalten und bewusst ein- und ausgeatmet? Die meisten von uns hetzen durch einen bis ins Detail verplanten Tag von Termin zu Termin. Unterwegs und abends auf der Bettkante checken wir noch mal E-Mails und soziale Netzwerke. Wir wollen ständig erreichbar, informiert und produktiv sein, kurz: unsere Multitasking-Fähigkeit beweisen. Eine fatale Haltung, die unsere physische und psychische Gesundheit stark beansprucht.

Regeneration und Erholung als aktiver Prozess

Die richtige Balance zwischen Höchstleistung, Erholung und Regeneration ist enorm wichtig. Denn wer die Schrauben seines Getriebes zu fest anzieht, überdreht sie. Das Gewinde geht kaputt. Mit anderen Worten: Wer nur den Dauerlauf im Hamsterrad kennt, erntet irgendwann massive Erschöpfung. Besonders die Zahl der psychischen Erkrankungen steigt kontinuierlich, wie die Statistiken zeigen. Hinzu kommt: Mit zunehmendem Alter verlängert sich unsere Regenerationszeit. Ein achtsamer Umgang mit sich selbst wird immer wichtiger.

Die Fechterin Britta Heidemann sagt dazu: „Im Laufe der letzten Jahre habe ich immer deutlicher gemerkt, dass der

Körper der Spiegel der Seele ist: Wenn ich aufgeregt bin oder nervös, zeigt mir das die Haut an, wenn es dem Geist zu viel wird mit den vielen Flugreisen, dann wird der Körper krank, und wenn ich müde bin, verletzte ich mich schneller."

Zu den gesundheitsfördernden Elementen gehören ausreichend Schlaf, regelmäßige Bewegung, gesunde Ernährung, mentale Stärke und eine positive innere Haltung.

Spitzensportler verbringen die meiste Zeit damit, sich fit für Höchstleistungen zu machen. Sie richten den Fokus auf Aufbau, Erhalt und Erneuerung ihrer Energie, die sie für erfolgreiche Wettkämpfe benötigen. Sie werden erst durch Pausen richtig gut! Denn nur ein entspannter Körper ist abrufbereit für Höchstleistungen.

Der Basketballspieler Dirk Nowitzki meint dazu: „Wenn man mental nicht bei der Sache ist, ist es schwierig, sich körperlich fit zu halten. Umgekehrt ist es genauso: Wenn man körperlich nicht fit ist, kann der Kopf noch so wollen, dann ist der Schritt einfach zu langsam. Körper und Kopf – beides spielt in unserem Beruf zusammen."

Regeneration und Erholung von vorangegangenen Belastungen sind ein aktiver Prozess, bei dem man sich ausruht, um wieder zu Kräften zu kommen.

Doch viele Menschen vernachlässigen ihre Erholung von täglichen Ansprüchen, Problemen, Forderungen und Reizüberflutung – Smartphones und Tablets haben ihren Nutzer längst im eisernen Griff. Es gilt, wieder das Abschalten – zwischendurch und am Ende des Tages – zu lernen.

Ein Plus für Pausen

Wenn man innehält, also vorübergehend aus dem Hamsterrad der zu erledigenden Aufgaben aussteigt, gewinnt man häufig auch neue Perspektiven auf Stressauslöser. Wer sich Pausen gönnt, schafft Raum für Reflexion. Und diese hilft, herausfordernde Situationen neu zu bewerten.

Jeder Spitzensportler weiß: Die körperlichen Ressourcen sind begrenzt. Deshalb folgt fast jeder Sportler einem Trainingsplan mit klar definierten Regenerationsphasen. Formel-1-Pilot Sebastian Vettel: „Man muss sich auf jeden Fall auch genügend Zeit nehmen zu entspannen. Das heißt: Ich trainiere zwei Einheiten am Tag, jeweils eine am Morgen und eine am Nachmittag. Dazwischen ruhe ich mich aus, manchmal mache ich auch ein Nickerchen."

Entspannung im Alltag

Für den Aufbau mentaler Stärke und den Erhalt Ihrer Gesundheit sollten auch Sie Entspannungsphasen in Ihren Alltag integrieren. Es gibt mehrere entscheidende Faktoren für unsere Entspannung, die ich im Folgenden erläutere.

Faktor 1: Die innere Haltung

Unsere Gedanken, Überzeugungen, Glaubens- und Denkmuster, unser innerer Dialog und das Festhalten oder Loslassen als negativ empfundener Erlebnisse bilden das Fundament dafür, ob wir gesund, widerstandsfähig und mental stark sind oder ob wir zu Stresssymptomen, Depressivität, Angstzuständen, Reizbarkeit, Burn-out etc. neigen.

Ungünstige innere Haltungen lassen sich von außen kaum nachhaltig beeinflussen, sagt der Neurobiologe Prof. Dr. Gerald Hüther. Nur die positive Erfahrung, dass es angenehme Folgen haben kann, auf seinen Körper zu hören, bewirke den für eine Verhaltensänderung notwendigen Kurswechsel im Gehirn. Genauer gesagt, im Frontalhirn, in dem Erfahrungen verankert sind. Solange aber unser Denkorgan keine gehirngerecht dargebotenen Anreize zur positiven Veränderung erhalte, bleibe es beim gesundheitsschädigenden Verhalten (Hüther, 2004). Das Gewinnen neuer Energie, z. B. durch Bewegung, kurze Pausen oder gesunde Ernährung, wirkt sich positiv auf die Psyche und mentale Gesundheit aus – jener Anreiz, den unser Gehirn braucht, um Verhaltensweisen zu ändern.

Faktor 2: Das Umfeld

Ein stabiles soziales Umfeld und das Pflegen sozialer Kontakte außerhalb der digitalen sozialen Netzwerke, das Führen von Beziehungen mit Qualität, die Freude an gemeinsamen Unternehmungen und Gesprächen schenken uns Stabilität und Rückhalt. Das Wissen um das Vorhandensein von Familie und Freunden beruhigt uns, es trägt zu unserem Wohlbefinden bei. Die Gehirnforschung hat drei Säulen ermittelt, die uns im Leben tragen: Spaß, Selbstvertrauen und soziale Kontakte, also das Umfeld.

Faktor 3: Die Pausen

Planen Sie Ruhezeiten in Ihren Alltag ein und halten Sie sich daran! Verbringen Sie z. B. regelmäßig Ihre Mittagspause an der frischen Luft, machen Sie einen kurzen Spaziergang oder verabreden Sie sich zum Essen außerhalb.

Nutzen Sie Entspannungstechniken, um den Anspannungspegel zu senken, z. B. progressive Muskelentspannung, autogenes Training, Yoga, Qigong, Tai-Chi oder Atemübungen (→ Konzentration und Entspannung). Probieren Sie Verschiedenes aus und schauen Sie, was am besten zu Ihnen passt. Und dann integrieren Sie die bewusste Entspannung in Ihren Alltag!

Aufgepasst! Fernsehen und Computerspiele, jede Form von Unterhaltungselektronik, entspannen uns keinesfalls. Das haben Kommunikationswissenschaftler der Johannes-Gutenberg-Universität Mainz und der Freien Universität Amsterdam herausgefunden. Wir umgeben uns dabei lediglich mit einer neuen Flut an visuellen und auditiven Reizen, die unser Gehirn aktiv halten.

Bewegen Sie sich regelmäßig: Entspanntes Joggen, Schwimmen, Walken oder Radeln helfen, um berufliche oder private Belastungen besser wegstecken zu können. Außerdem macht Sport widerstandsfähiger gegen Stress.

Übung: Das Feierabend-Ritual

Schalten Sie bewusst ab, wenn Sie Ihren Arbeitstag beenden. Schaffen Sie dafür ein immer wiederkehrendes Ritual: Erstellen Sie eine To-do-Liste für den nächsten Tag. Schalten Sie dann Ihren Computer aus und räumen Sie Ihren Schreibtisch auf. Beim Verlassen der Firma verabschieden Sie sich von allen, denen Sie begegnen und sprechen dabei bewusst nichts Dienstliches mehr an.

Nutzen Sie den Heimweg zum inneren Abschalten. Bleiben Sie auf dem Heimweg z. B. am Ortsschild kurz stehen und reflektieren Sie Ihre Gedanken: Denken Sie gerade noch an die Arbeit? Wenn ja, setzen Sie den „Gedankenstopp" ein. Zu Hause tauschen Sie Ihre Dienstkleidung gegen den Freizeitdress, nehmen eine Dusche, tauchen so förmlich ins Privatleben und Ihre Freizeit ein. Das gemeinsame Abendessen kann zum Höhepunkt des Feierabends werden.

Auf den Punkt gebracht

Höchstleistung funktioniert nur, wenn Erholung und Regeneration nicht zu kurz kommen. Unser Körper und unser Geist benötigen regelmäßige Ruhezeiten, um neue Energie zu schöpfen.

Der Umgang mit Rückschlägen – wie Niederlagen uns weiterbringen

Reinhold Messner erreichte den höchsten Gipfel der Welt als erster Mensch ohne Flaschensauerstoff und im Alleingang. Doch zuvor war er dreimal beim Besteigen des Nanga Parbat gescheitert. Der Extrembergsteiger sagt: „Wir lernen fast nur durch das Scheitern. Wir Menschen sind so veranlagt, dass wir nur dann lernen, wenn wir einen Dämpfer kriegen." Das Scheitern ist demnach ein notwendiger Teil unseres Lern- und Erfahrungsprozesses, sozusagen die Basis persönlicher Weiterentwicklung.

Niederlagen gehören dazu

Jeder Spitzensportler lernt früh, dass Niederlagen dazugehören und es wichtig ist, sie ebenso schnell wie gewinnbringend zu verarbeiten. Im täglichen Leben fehlt uns jedoch mitunter diese Souveränität, Scheitern als Lernchance zu betrachten. Dabei sind Fehler und Rückschläge der eigentliche Motor des Fortschritts: Sie zeigen, wo wir stehen und was es zu verbessern oder zu verändern gilt. Es gibt unzählige Beispiele in der Geschichte, bei denen Fehler große Entdeckungen erst möglich gemacht haben.

Der Boxweltmeister Wladimir Klitschko lernte die Lektion seines Lebens aus einer Niederlage, als er 2003 gegen Corrie Sanders verlor. Es war Klitschkos letzter Kampf, bevor er in Urlaub gehen wollte. „Ich sah mich während des Walk-ins am Strand beim Kitesurfen. Ich dachte: Den haue ich kurz weg und dann genieße ich mein Leben weiter." Eigentlich fühlte sich Klitschko zu diesem Zeitpunkt ausgebrannt, doch sein Promoter Klaus-Peter Kohl überredete ihn zum Kampf. Kohl habe Sanders als untrainiert bezeichnet, so Klitschko. „Er sagte, dass ich den innerhalb von fünf Runden ausknocken würde. Und so bin ich dann auch in den Kampf gegangen." Tatsächlich aber war Sanders hoch motiviert, angstfrei und schlagkräftig. Schon in der ersten Runde kassierte der Boxweltmeister zwei Niederschläge. Als er daraufhin in der zweiten Runde unbedacht reagierte, sorgten zwei weitere Niederschläge fürs K. o. Es war Klitschkos zweite Niederlage als Profi – und seine lehrreichste: „[Ich lernte], dass ich nie wieder einen Gegner unterschätzen werde, egal, wie schlecht er von anderen geredet wird." Klitschko blieb bis November 2015 unbesiegt. Eine weitere Erkenntnis dürfte für ihn damals auch gewesen sein, immer den Fokus aufs Hier und Jetzt zu richten, auf die anstehende Aufgabe, und die Gedanken im Moment der Herausforderung nicht in die Zukunft wandern zu lassen (→ Die Frage der Fokussierung).

Misserfolg ist der Motor des Erfolgs

Ohne das Eingehen von Risiken gibt es keinen großen Erfolg. Haben Sie den Mut, etwas zu riskieren? Erlauben Sie sich, Fehler zu machen? Stecken Sie nach Niederlagen zurück oder geben Sie gar auf? Oder wollen Sie es dann erst recht wissen? Der souveräne Umgang mit Fehlern und Rückschlägen wurde uns nicht in die Wiege gelegt, aber zu einem guten Selbstmanagement gehört es, ihn zu beherrschen.

Die ehemalige Eiskunstläuferin Katharina Witt sagt: „'Wie furchtbar, dass ...', ‚Ich habe Angst davor, dass ...' – solche

Floskeln schwächen unsere Kraft und sind nichts weiter als hausgemachter Stress." Wer sein Handeln von der Angst vor Rückschlägen bestimmen lässt, generiert Stillstand. Denn die Angst führt zu kontraproduktivem Vermeidungsverhalten und damit zu mangelnder Chancenverwertung. Für Fußballtrainer Jürgen Klopp ist das Eingehen von Risiken Teil einer guten Selbstführung: „Angespannt, nervös, nicht ganz sicher, ob es funktioniert? Damit umzugehen, das müssen wir lernen."

Jutta Kleinschmidt, eine der erfolgreichsten Frauen des Rallye-Motorsports, sieht in der Risikobereitschaft einen entscheidenden Erfolgsfaktor: „Man kann nicht alles absichern, es bleibt ein Restrisiko und das gehört auch zum Erfolg dazu. Wenn du überhaupt kein Risiko eingehen möchtest, wirst du in deinem Leben wahrscheinlich auch nie einen Riesenerfolg haben. Du wirst vielleicht Erfolg haben und es wird dir gut gehen, aber die richtig großen Erfolge entstehen dadurch, dass jemand sich was getraut hat. Und das ist bei uns auch nicht anders. Und zum Trauen gehört eben auch, dass man mal auf die Nase fällt."

!

Arbeiten Sie an Ihrer Bereitschaft, die eigene Komfortzone zu verlassen. Ohne Risiko gibt es keinen Erfolg. Entwickeln Sie die Fähigkeit, nach Misserfolgen wieder aufzustehen und unbeirrt weiterzumachen. Mit mentalem Training können Sie Ihr Selbstvertrauen, Ihren Siegeswillen und Ihre Leistungsfähigkeit steigern. Denn Erfolg ist kein Zufall, sondern eine Frage der Einstellung.

Der ehemalige Nationaltorhüter Oliver Kahn bezeichnet seine Niederlage mit dem FC Bayern München im Champions-League-Finale 1999 gegen Manchester United im Rückblick als sehr wertvoll. „Denn dieses Scheitern hat mir einige Dinge beigebracht, die mich stärker gemacht haben und von denen ich immer noch profitiere. Wenn mir heute etwas nicht gelingt, dann werde ich nicht unruhig oder panisch, sondern denke ganz gelassen darüber nach, was ich besser machen kann. Diese Haltung ist mir wirklich in Fleisch und Blut übergegangen."

Was Oliver Kahn damals motivierte, nicht aufzugeben, waren seine Ziele. „Hätte ich mich jetzt hängen lassen, hätte ich alles achtlos weggeworfen, was ich bis dahin in das Erreichen meiner Ziele investiert hatte. Es musste weitergehen, und deshalb musste ich irgendwie versuchen, mit diesem kapitalen Schlag zurechtzukommen." Es ist diese Haltung, die den Unterschied macht zwischen Mittelmaß und mentaler Stärke.

Auch Rennfahrerin Jutta Kleinschmidt sieht die wahre Niederlage erst in der Selbstaufgabe: „Verloren hat man erst, wenn man aufgegeben hat. Du hast erst wirklich verloren, wenn du es nicht noch mal probiert hast. Wenn ich jetzt die Dakar[-Rallye] verloren habe, dann muss ich halt nächstes Jahr noch mal an den Start. Ich habe zehn oder zwölf Starts gebraucht, bis ich sie endlich gewonnen habe. Darum geht es: Nicht aufgeben, sondern sagen: Jetzt hat es nicht geklappt, aber das nächste Mal klappt es. Ich glaube, wenn man eine Sache, die man macht, wirklich liebt – und Sportler gehen mit Leidenschaft heran – dann bringt dich das dazu zu sagen: Ich probiere es noch mal."

Niederlagen spiegeln uns zurück, wo wir stehen und wo es gilt, besser zu werden oder neue Wege zu beschreiten. Wer Erklärungen statt Ausflüchte sucht, hat den Weg des Neuanfangs und der Weiterentwicklung bereits beschritten. Diese Haltung macht den Unterschied zwischen erfolgreichen und weniger erfolgreichen Menschen – im Spitzensport wie im Alltag.

Bewältigungsstrategien bei Rückschlägen

Als sich in Brasilien 2014 internationale Spitzenfußballer im Kampf um den Weltmeistertitel maßen, lagen Sieg und Niederlage, Jubel und Tränen nur fußbreit auseinander. Trainer und Spieler mussten unter hohem Druck blitzschnell richtige Entscheidungen treffen, entsprechende Manöver einleiten – und manchmal war der Gegner einfach besser darin. Doch was tun, damit nach dem Abpfiff die Mannschaft nicht im Tal der Tränen verharrt, sondern mit Zuversicht ins nächste Spiel geht? Die Bewältigungsstrategien von Niederlagen im

Spitzensport lassen sich ohne Weiteres auf das Meistern anderer Rückschläge übertragen.

Schluss mit der Selbstsabotage

Wenn Ihr Vorhaben nicht so gelaufen ist, wie Sie es erwartet oder sich gewünscht haben, dann sind Unzufriedenheit und Enttäuschung über die eigene Leistung die Folge. Das ist okay. Doch wenn Sie Ihre Enttäuschung nicht verarbeiten, leisten Sie negativen Entwicklungen Vorschub. Zurück bleibt das Gefühl, Ihr Bestreben sei sinnlos. Das impliziert geringes Selbstvertrauen und Selbstwertgefühl.

Daraus resultieren Angst, Blockaden, Stress und Zweifel. Das blockiert Sie und führt eventuell zu weiteren schlechten Leistungen. Begreifen Sie Niederlagen als Chancen, einen neuen Versuch unter verbesserten Voraussetzungen zu starten – vorausgesetzt, Sie sind zur Analysearbeit und Weiterentwicklung bereit. Klettern Sie aus dem emotionalen Tal. Dabei helfen Gespräche mit Vertrauenspersonen. Weil diese Menschen Sie gut kennen, wissen sie zwischen Ihrem Wert als Person und dem Stellenwert Ihrer schlechten Leistung zu unterscheiden. Sie trennen die Sache von der Person. Fakt ist: Ihr Wert als Mensch hat sich nicht verringert!

Eine positive Einstellung zu sich selbst trotz Rückschlag zu bewahren, hält auch Jutta Kleinschmidt für wichtig: „Dass man sich sagt: Mensch, ich habe heute verloren oder meinen Vertrag nicht abgeschlossen oder was auch immer, aber die Welt dreht sich weiter. Ich bleibe trotzdem der nette Mensch, der ich hoffentlich bin, und morgen versuche ich es einfach noch mal."

Auch Heribert Bruchhagen, ehemaliger Fußballprofi und Trainer, derzeit Vorstandsvorsitzender der HSV Fußball AG, rät zur Relativierung: „Man muss etwa sagen: Im Rahmen unserer Möglichkeiten haben wir die und die Entscheidung getroffen. Diese Entscheidungen waren zu der Zeit, als wir sie getroffen haben, richtig. Jetzt stellt sich der sportliche Misserfolg ein, andere haben bessere Entscheidungen getroffen. Man darf also nicht zu hart mit sich ins Gericht gehen, sonst kann man gar keinen Optimismus und kein Selbstbewusstsein aufbauen. Das lernt man im Laufe der Jahre und manchmal ist es einem auch naturgegeben. Selbstbewusstsein hat ja nichts mit Arroganz zu tun, sondern Selbstbewusstsein kann man sich erarbeiten."

Auch im Motorsport liegen Sieg und Niederlage nahe beieinander. Jutta Kleinschmidt: „2001 habe ich gewonnen, da wurde man sehr groß gefeiert. 2002 bin ich Zweite in der Gesamtwertung geworden, kam nach Hause und war die große Verliererin. Dabei ist Zweiter eigentlich auch nicht schlecht. Das Wichtige ist hier, dass man sich selber vor Augen hält, was man geleistet hat. Für mich persönlich ist am wichtigsten, dass ich mit mir selber zufrieden bin. Dass ich sagen kann: Du hast eine gute Leistung gebracht, okay. Oder du hast das und das falsch gemacht – passiert ja auch oft genug – und dann versuche ich einfach, das beim nächsten Mal etwas besser zu machen und genau die Fehler zu analysieren: Warum hat es denn nicht geklappt und kann man dagegen was tun?"

Das Triple-A-Prinzip

A wie Akzeptanz

Um Ihre Rückschläge gewinnbringend zu verarbeiten, ist Akzeptanz Voraussetzung. Klagen und „Was wäre, wenn …"-Fragen bringen Sie nicht weiter. Akzeptieren Sie, dass Ihre Performance nicht optimal war, und widmen Sie sich so schnell wie möglich der Analyse.

A wie Analyse

Warten Sie mit der Analyse Ihres Scheiterns nicht zu lang, sonst vergessen Sie wichtige Fakten. Denken Sie daran: Richten Sie bei Ihrer (schriftlichen) Analyse den Fokus nicht allein auf die Defizite:

- Was waren Faktoren für den Misserfolg?
- Was lief gut? Welche Stärken kamen zum Tragen?
- Was kann ich daraus lernen?
- Was und wie lässt es sich beim nächsten Mal besser machen?
- Was lässt sich verändern?

Bei Ihren Schlussfolgerungen helfen kein „Ich muss" oder „Die anderen müssen". Ebenso wenig nützt es Ihnen, sich und andere global abzuwerten („Ich bin ein Versager", „Der andere taugt nichts") oder Katastrophenvisionen zu entwickeln („Es wäre absolut schrecklich, wenn …"). Manchmal gilt es, neidlos anzuerkennen, dass andere besser waren. Dann fragen Sie sich: Was muss ich beim nächsten Gespräch oder der nächsten Präsentation anders machen, um mein Bestes abrufen zu können?

A wie Abhaken

Lassen Sie die Vergangenheit hinter sich, Sie können sie nicht mehr ändern. Schauen Sie nicht länger in den Rückspiegel. Nach der Analyse gilt es, einen Schlussstrich zu ziehen und nach vorne zu schauen. Andernfalls blockieren Sie sich selbst im weiteren Handeln, weil der Rückschlag weiter Ihr Denken beherrscht und Ihr Selbstwertgefühl beeinträchtigt.

Ein Beispiel aus der Praxis

Ein Klient von mir war in der Jugend ein erfolgreicher Judoka im Bundeskader, mehrfacher bayerischer und deutscher Meister. Zwei Jahre lang verlor er keinen einzigen Kampf. Als er das erste Mal wieder einem Gegner unterlag, war er so verunsichert, dass er danach jeden Kampf verlor. „Du hast das Verlieren verlernt", habe sein Bundestrainer zu ihm gesagt.

Mein Klient: „Diese erste Niederlage seit Langem bekam ich nicht mehr aus dem Kopf, nahm sie mit in die nächsten Kämpfe und verlor wieder. Das machte mich immer unsicherer, ein Teufelskreislauf."

Der Bundestrainer baute sein Selbstbewusstsein mühsam wieder auf, schließlich hatte der Judoka nicht von heute auf morgen Judo verlernt. Sein Fazit seitdem: „Nach der Analyse muss die Niederlage aus dem Kopf!"

Die Reflexion und systematische Auswertung von Erfahrungen und Handlungen während eines Misserfolgs sind unerlässlich für einen Lernprozess, das optimistische Herangehen an Herausforderungen, konstante Fortschritte sowie Ihre persönliche Weiterentwicklung.

Lernen und Loslassen

Die Reflexion und das Abhaken von Niederlagen gehören bei Spitzensportlern zum täglichen Geschäft. Die Profiboxerin Ramona Kühne, amtierende Weltmeisterin verschiedener Gewichtsklassen, analysiert jeden Kampf im Nachgang: „Wo waren die Fehler? Wieso ist es passiert? Was kann ich besser machen? Wie kann ich mein Training ändern? Was kann ich an meinem Material ändern? Was kann ich an meinem Team, an meinem Umfeld ändern, um es besser zu machen?"

Es sei wichtig, sich im Fall einer Niederlage einzugestehen, dass man vielleicht nicht hundertprozentig bei der Sache war, so Kühne. „Nur, wer wirklich analysiert und die Erkenntnisse auch annimmt, indem er sagt: ‚Da muss ich mich dann verbessern', kann hinterher etwas aus der Niederlage lernen und dann besser werden. Wer immer oben ist, der kennt das ja gar nicht. Das birgt eine Gefahr: Wenn derjenige mal von ganz oben herunterfällt, kann es passieren, dass er unten bleibt und nie wieder aufsteht."

Auch das Abhaken gehört bei Ramona Kühne zur Routine: „Es ist am einfachsten, nach vorne zu schauen, abzuhaken, was da war, und sich schon zu überlegen: Was will ich als Nächstes erreichen? Das machen Sportler. Wir denken gar nicht so lange darüber nach."

Das zügige Verarbeiten von Niederlagen ist auch im Fußball essenziell. Fußballprofi Robert Lewandowski sagt zu seinem Umgang mit Torflauten: „Ich hake so was immer sehr schnell ab. Es ist für einen Stürmer wichtig, nicht zu lang nachzudenken. Das funktioniert nie gut. Als Stürmer musst du immer denken: Jetzt kommt das nächste Spiel – und ich schieße ein Tor."

Auf den Punkt gebracht

Rückschläge sind der eigentliche Motor des Fortschritts. Sie spiegeln uns, wo wir stehen und wo es gilt, besser zu werden oder neue Wege zu beschreiten.

- Stillstand ist nicht bloß Risikominimierung, sondern Rückschritt.
- Haken Sie Wut, Trauer, Schmerz oder Enttäuschung über Ihren Rückschlag ab. Gespräche mit Vertrauten helfen dabei.
- Akzeptieren Sie Ihre Leistung und ziehen Sie Lehren daraus. Vom Jammern allein hat noch niemand gelernt. Analysieren Sie die Gründe für den Rückschlag und leiten Sie daraus Erkenntnisse für Ihr künftiges Handeln ab.
- Und dann machen Sie einen Haken an Ihren Rückschlag! Es gilt, den Kopf freizukriegen und sich auf neue Herausforderungen zu konzentrieren.

Der Motor der Motivation – wie sich das innere Feuer entfachen lässt und wie Emotionen dabei helfen

Erfolgreiche Spitzensportler eint ein klares, aktives, interessantes, positives Ziel und der unbedingte Wille, es zu erreichen. Ihr Motor ist die Motivation – das innere Feuer, das sie antreibt. Der Rekordhockeynationalspieler Matthias Witthaus sagt über seine Motivation: „Das ist die Freude am Hockey schlechthin, sich in der Weltspitze mit den Besten zu messen und Erfolge zu feiern. Es ist der Ehrgeiz, wieder ganz oben zu stehen. Der Antrieb kommt von innen, ich will da oben dabei sein, ich will aufs Treppchen! Was mich antreibt, ist die Erinnerung an tolle Siege und Siegesfeiern. [...] Kein Geld der Welt kann den Spaß ersetzen, in dieser Mannschaft zu spielen."

Witthaus benennt hier einen wichtigen Motivationsfaktor: Freude. Was erfolgreiche Spitzensportler tun, tun sie mit eben dieser Freude, mit Begeisterung für die Sache, mit Disziplin in der Vorbereitung und mit Willensstärke in der Umsetzung.

Motivation als Antrieb für Verhalten

Im Wort „Motivation" steckt das lateinische Wort „movere" (= bewegen) und das Wort „Motiv". Das Motiv ist der Grund, sich zu bewegen. Spitzensportler brennen für das, was sie erreichen wollen. Eine solche Leidenschaft beflügelt und reißt im Idealfall auch das Umfeld mit – das innere Feuer sorgt sozusagen für Funkenflug, entzündet weitere Feuer. Das spielt z. B. dann eine wichtige Rolle, wenn wir Herausforderungen im Team meistern müssen: Denn nur, wer selbst motiviert ist, motiviert auch andere.

Die hohe Kunst ist es, die Selbstmotivation über einen längeren Zeitraum aufrechtzuerhalten. Der ehemalige Nationaltorhüter Oliver Kahn findet dafür folgendes Bild: „Motivation ist das, was das Feuer in euch am Brennen hält. Und wie bei einem echten Feuer muss man auch bei der Motivation darauf achten, dass man regelmäßig nachlegt, damit dir die Glut nicht erlischt."

Der ehemalige Skispringer Sven Hannawald hielt sein inneres Feuer mit einem dauerhaft motivierenden Ziel am Brennen: „Mein Ziel war nicht Weltmeister oder Olympiasieger, sondern mein Ziel war immer der perfekte Sprung – das hat mich länger motiviert."

Intrinsische und extrinsische Motivation

Die Motivation für ein Ziel kann kein anderer bei Ihnen erzeugen. Nur Sie allein können sie entwickeln und in Handlungen umsetzen. Denn Fremd- und Selbstmotivation haben eine unterschiedliche Wirkung auf die Zielerreichung.

Die Motivation, die von innen kommt (intrinsisch), ist die Leidenschaft für eine Sache. Je höher Ihre intrinsische Motivation ist, desto mehr können Sie sich für ihre Aufgabe begeistern.

Die extrinsische Motivation wird hingegen von Ihrer Umwelt erzeugt. Sie bekommen etwas als Lohn für Ihre Leistung.

Treibende Kraft sind hier Prämien, Privilegien, Firmenwagen, Boni, Status oder Anerkennung durch andere. Tritt allerdings der Effekt der Gewöhnung ein, gehen die Anstrengungen und damit auch die Motivation zurück. Geld ist als äußerer Anreiz umstritten. Während manche Studien belegen, dass Menschen ohne finanzielle Zuwendungen nicht mehr leisten, als sie unbedingt müssen, kommen andere zu dem Schluss, dass Geld nur bedingt motiviert, und das auch nur in Abhängigkeit von den damit verbundenen Aufgaben.

Kurzum: Wer seine Motivation vor allem durch Leidenschaft und Lebensfreude weckt, sorgt für einen nachhaltigeren Effekt.

Manchmal unterstützt auch ein Verein seine Spitzensportler extrinsisch mit allgemeinen Motivationssprüchen dabei, die Gedanken in die richtige Richtung zu lenken und die innere Haltung entsprechend zu beeinflussen. So zieren die Mauern rund um den Trainingsplatz des so erfolgreichen wie umstrittenen Bundesliganeulings RB Leipzig Aussagen erfolgreicher Spitzensportler, darunter der Ausspruch des achtfachen Olympiasiegers im Laufen Usain Bolt: „Man darf sich keine Grenzen setzen, nichts ist unmöglich." Und Basketballlegende Michael Jordan mit „Ich kann Versagen akzeptieren, keiner ist perfekt. Aber was ich nicht akzeptieren kann, ist, es nicht zu versuchen."

Emotionen als Erfolgsbeschleuniger

Viele, die bei der Fußball-Europameisterschaft 2016 ein Island-Spiel verfolgten, werden vermutlich einen Moment der Gänsehaut erlebt haben, hervorgerufen von den isländischen Fans. Ihr rhythmisches Klatschen im Stadion, begleitet von sich steigernden „Huh"-Rufen, die sich überschlagende Stimme des isländischen Fußballkommentators Gummi Ben – man braucht kein Fußballfan zu sein, um sich davon berühren zu lassen. Was die isländische Mannschaft bis in die Haarspitze zu Höchstleistungen motivierte und uns die Haare zu Berge stehen ließ, war nichts anderes als Emotionen. Sie spielen nicht nur auf dem Fußballfeld oder für unsere persönliche Stimmung eine Rolle, sondern auch für unsere Performance.

Das Wort „Emotion" stammt vom lat. movere (= bewegen). Der Zusatz „e" verändert die Bedeutung des Ursprungs: „emovere" bedeutet „herausbewegen" oder „emporwühlen". Im Wort Emotion steckt auch das lat. Wort „motio" (= Bewegung, Erregung). Deshalb geht es bei der Emotion um die Herausbewegung oder das Fortbewegen. Mit anderen Worten: Emotionen bewegen uns – zu Reaktionen und Entscheidungen, zum Nachdenken und Handeln.

Emotionen

sind überwiegend etwas, das uns zustößt, das von äußeren und inneren Reizen bedingt wird, ohne dass wir darauf einen direkten willentlichen Einfluss hätten. Wir kennen unsere Emotionen dadurch, dass sie uns als Gefühle bewusst werden. Emotionen werden ganz oder überwiegend unbewusst erzeugt. Das bewusste emotionale Erleben (Gefühlszustände) ist also nur ein Aspekt von Emotionen.

Emotionen sind von zentraler Bedeutung für die Organisation und Motivation unseres Verhaltens. Joseph LeDoux sagt dazu: „Sie sind mächtige Motivatoren künftigen Verhaltens. Sie bestimmen ebenso den Kurs des Handelns von einem Moment zum nächsten, wie sie die Segel für langfristige Ziele setzen." Unter anderem können bestimmte Verhaltensweisen durch positive Emotionen verstärkt und negative Emotionen gehemmt werden oder zuvor erfahrene Emotionen vorweggenommen werden (vgl. http://www.spektrum.de/lexikon/neurowissenschaft/emotionen/3405).

Bernhard Peters, ehemaliger Bundeshockeytrainer, hat sein Team regelmäßig emotionalisiert – mit emotionalen Kabinenansprachen ebenso wie mithilfe von Bildern. So ließ er zur Vorbereitung der WM 2006 ein Poster anfertigen, das jubelnde Spanier beim vorangegangenen WM-Sieg zeigte, und schrieb darüber: „Wer soll jubeln am 17. September 2006?" Das Poster hing zur ersten Mannschaftsbesprechung in der Vorbereitungsphase im Besprechungsraum (vgl. Peters et al. 2012). Damit schuf Peters ein Bild, das jedes Teammitglied abspeichern konnte und das Emotionen weckte. Er entfachte damit das innere Feuer der Motivation bei seinen Spielern – er weckte Sehnsüchte, Begehrlichkeiten und den Wunsch nach Jubel, Anerkennung und Triumph.

Auch Hermann Weinbuch, Bundestrainer der nordischen Kombinierer, nutzte 2015 die Macht der Bilder zur Emotionalisierung seines Teams. Der ehemalige Nationalsportler zeigte den Athleten einen Film über die Nordische Ski-WM 1987 in Oberstdorf, bei der Weinbuch mit Deutschland zum letzten Mal Gold gewonnen hatte. Er erreichte damit die Herzen seiner Schützlinge: Das deutsche Team errang danach in Falun nach 28 Jahren erneut den Weltmeistertitel.

Auch eine bildreiche Sprache ist geeignet, um bei anderen Gefühle hervorzurufen. Peters schuf nach einer Niederlage, die das Team bei der WM 2002 in Bedrängnis brachte, bei seiner Kabinenansprache eindrückliche Bilder: „Wir gehen mit dem Pott auf die Ehrenrunde, nur wir. Wir werden uns den Pott von niemandem nehmen lassen, von niemandem!! Wir holen uns das Ding am Sonntag beim König ab" (vgl. Peters et al. 2012). Mit dem „Pott" und dem „König" lieferte Peters passende Stichworte, damit sich jedes Mitglied des Hockeyteams sein eigenes Bild vom Ziel vor seinem inneren Auge ausmalen konnte. Die Motivationsstrategie gelang übrigens – das Team holte sich den „Pott" beim König von Malaysia ab.

Peters und Weinbuch taten nichts anderes, als über Bilder Gefühle auszulösen – und damit die Motivation ihres Teams zu steigern. Gefühle sind letztlich das Ergebnis von Hormonausschüttungen unseres Körpers. Je nach Bedarf lässt sich durch bewusste Steuerung auf rationaler, energetischer und emotionaler Ebene sozusagen ein geeigneter „Hormoncocktail" mixen, um sich (oder andere) in einen gewünschten Zustand zu versetzen. Emotionen sind ein wichtiger Bereich unseres Selbstmanagements – schließlich beeinflussen sie unser Denken und Handeln, unsere Gesundheit und unseren körperlichen Zustand. Sie können, wie wir es schon von den Gedanken kennen, unser Denken und Handeln beflügeln oder beschränken.

Unsere Motivation hängt nicht zuletzt von den Zielen ab. Je höher Ihre Motivation aufgrund eines attraktiven Ziels ist, desto leichter wird es Ihnen fallen, auch negative Gefühle auszuhalten. Wenn manche Aufgaben oder Begegnungen, die für Ihr Ziel unverzichtbar sind, bei Ihnen negative Emotionen auslösen, dann wissen Sie bei einem attraktiven Ziel, dass es sich lohnt, diese zu erdulden. Ihre Motivation trägt

Sie auch über den emotional unangenehmen Teil des Weges hin zum angestrebten Ziel.

Auf den Punkt gebracht

Motivation ist die momentane Ausrichtung eines Menschen auf ein Handlungsziel.

Unsere Motivation hängt von den eigenen inneren Motiven und äußeren Anreizen ab. Die intrinsische Motivation ist die Leidenschaft für eine Sache, die extrinsische Motivation wird z. B. durch Prämien und Privilegien hervorgerufen.

Epilog

Unser Leben hat sich durch das rasante Fortschreiten technischer Entwicklungen und die Globalisierung gravierend verändert. Zeit- und Erfolgsdruck haben fast überall zugenommen. Die Verdichtung macht auch vor der Freizeit nicht Halt, das gilt bereits für Kinder und Jugendliche. Damit stehen wir täglich vor vielen kleinen und großen Herausforderungen, unseren und den Ansprüchen und Anforderungen anderer gerecht zu werden. Psychische Gesundheit sowie mentale und emotionale Stärke sind stärker denn je gefordert, um leistungsfähig zu bleiben. Um Leistungsfähigkeit geht es in etlichen Lebensbereichen – ob Beruf, Familie oder Sport, stets gilt es, viele Aufgaben unter einen Hut zu bringen und dabei gute Ergebnisse zu erzielen.

Unsere innere Haltung, unsere Überzeugungen und Glaubenssätze, unsere Denkmuster und inneren Dialoge machen den Unterschied, ob wir dem Tempo des täglichen Hamsterrades standhalten und es gegebenenfalls bewusst reduzieren oder ob wir uns irgendwann erschöpft zur Seite fallen lassen und leistungsunfähig am Boden liegen. Sie machen ebenso den Unterschied, ob wir nach einem Rückschlag oder in einer Krise wieder aufstehen und nach vorne schauen, oder am Boden liegen bleiben. All unser Handeln und Verhalten hat seinen Ursprung im Denken. Nutzen Sie dieses Wissen, um sich gut durch unsere schnelllebige Zeit zu führen. Bauen Sie gezielt mentale Stärke auf – sie hilft, aus unausweichlichen Erfordernissen willkommene Bewährungsproben werden zu lassen. Probieren Sie es aus! Ich wünsche Ihnen viel Erfolg dabei!

Verwendete Literatur

Ein Verzeichnis sämtlicher Quellen für die im Buch aufgeführten Zitate, u. a. von Sportlern, finden Sie unter beck-shop.de/bolahj.

Bandler, Richard (1987). Veränderung des subjektiven Erlebens. Fortgeschrittene Methoden des NLP, Junfermann Verlag, Paderborn.

Becker, Boris (2004). Augenblick, verweile doch …, Goldmann, München.

Bandt, Michael, Hrsg. (2015). Sinnstifter. Selbstführung heißt denken, fühlen, handeln, BISW Verlag, Krefeld.

Bensmann, Burkhard (2011). Die Kunst der Selbstführung. Erkenntnisse aus Interviews mit Führungskräften und führenden Kräften, Books on Demand GmbH, Norderstedt.

Csikszentmihalyi, Mihaly (2013). Flow: Das Geheimnis des Glücks, Klett-Cotta, Stuttgart, 16. Aufl.

Eberspächer, Hans, (2004). Mentales Training. Das Handbuch für Trainer und Sportler, Copress Verlag, München.

Hebb, D. O. (1949). The organization of behavior. A neuropsychological theory. Wiley, New York, NY.

Heimsoeth, Antje (2015). Sportmentaltraining, pietsch, Stuttgart.

Heimsoeth, Antje (2015). Chefsache Kopf. Mit mentaler und emotionaler Stärke zu mehr Führungskompetenz, Springer Gabler, Wiesbaden.

Heimsoeth, Antje (2014). Golf mental: Erfolg durch Selbstmanagement, pietsch, Stuttgart.

Hill, Napoleon (2000). Denke nach und werde reich. Die 13 Gesetze des Erfolges, Kreuzlingen, München.

Hüther, Gerald (2004). Die Macht der inneren Bilder, Vandenhoeck & Ruprecht, Göttingen.

Kahn, Oliver (2010). Ich. Erfolg kommt von innen, Goldmann, München.

Nowitzki, Dirk/Sartorius, Peter/Mölter, Joachim (2008). Nowitzki. Rowohlt Taschenbuch Verlag, Hamburg.

Peters, Bernhard, Hermann, Hans-Dieter, Müller-Wirth, Moritz (2012). Führungsspiel. Menschen begeistern, Teams formen, Siegen lernen, Ariston Verlag, München.

Pfeffer, A., Pridun, C. (2009). Locker sein, aber nicht locker lassen. In: WirtschaftsBlatt, 29.10.2009. http://wirtschaftsblatt.at/archiv/1121259/index (letzter Zugriff 21. Januar 2015)

Phelps, Michael, Abrahamson, Alan (2008). No Limits – The Will To Succeed, Simon & Schuster, London.

Schwarzenegger, Arnold, Leamer, Laurence (2005). Fantastic. The Life of Arnold Schwarzenegger, New York.

Seligmann, Rashid, Parks: Positive Psychotherapy. In: The American Psychologist. 61(8) (2006), S. 774–88.

Witt, Katarina (1995). Zwischen Pflicht und Kür. Goldmann Verlag, München.

Witt, Katarina (2006). Gesund und fit mit Kati Witt, Riva Verlag, München.

Die Autorin

Antje Heimsoeth, Geschäftsführerin des Instituts für Business- und Sport-Coaching, Heimsoeth Academy. Sie trainiert Spitzensportler, Profimannschaften, Bundestrainer, Führungskräfte, Vorstände und Unternehmen. Antje Heimsoeth gehört zu den bekanntesten Mental Coaches und wurde als „Vortragsrednerin des Jahres 2014" ausgezeichnet. Sie gilt als „renommierteste Motivationstrainerin Deutschlands" (FOCUS). Die ausgebildete Ingenieurin – sie studierte Geodäsie –, Unternehmerin, Bestsellerautorin und Hochschullehrbeauftragte ist Expertin für mentale Stärke, Spitzenleistung, Erfolg, Selbstwert, Motivation und Selbstführung (heimsoeth-academy.com, antje-heimsoeth.com).

Auftritte bei Sport1, BR (Blickpunkt Sport) und Sky sowie auf Kreuzfahrtschiffen (MS Europa 2, AIDA).

Impressum:
Verlag C. H. Beck im Internet: www.beck.de
ISBN: 978-3-406-70834-3

Wilhelmstraße 9, 80801 München
Satz: Fotosatz Buck, 84036 Kumhausen
Druck und Bindung: Beltz Bad Langensalza GmbH
Neustädter Str. 1–4, 99947 Bad Langensalza
Umschlaggestaltung: Ralph Zimmermann – Bureau Parapluie
Umschlagbild: © Dmitriy Shironosov – istockphoto.com
Gedruckt auf säurefreiem, alterungsbeständigem Papier
(hergestellt aus chlorfrei gebleichtem Zellstoff)